आगरा बाज़ार

(नाटक)

आगरा बाज़ार

हबीब तनवीर

वाणी प्रकाशन

प्रकाशन के उत्कृष्टतम 61 वर्ष

vaniprakashan.com

सजिल्द पहला संस्करण : 2001
सजिल्द दूसरा संस्करण : 2010
सजिल्द तीसरा संस्करण : 2019
सजिल्द चौथा संस्करण : 2020
सजिल्द पाँचवाँ संस्करण : 2024

वाणी प्रकाशन

4695, 21-ए, दरियागंज, नयी दिल्ली-110 002

फ़ोन : +91 11 23273167, 23275710

शाखाएँ

अशोक राजपथ, पटना-800 004, बिहार

कॉफ़ी हाउस कैम्पस, महात्मा गांधी मार्ग, प्रयागराज-211 001, उत्तर प्रदेश

महात्मा गांधी अन्तरराष्ट्रीय हिन्दी विश्वविद्यालय, वर्धा-442 001, महाराष्ट्र

sales@vaniprakashan.in
vaniprakashan@gmail.com

Agra Bazar
by Habib Tanvir

ISBN : 978-81-8143-234-6
Play

मूल्य : ₹ 450

आर. टेक ऑफ़सेट प्रिंटर्स, दिल्ली-110 032 में मुद्रित

वाणी प्रकाशन का लोगो मक़बूल फ़िदा हुसेन की कूची से

1954 की पुरानी भूमिका

नाज़ उठाने में जफ़ाएँ तो उठाएँ लेकिन
लुत्फ़ भी ऐसा उठाया है कि जी जाने है।

—नज़ीर

अत्हर परवेज़ का टेलीफोन आया कि 14 मार्च को जामिया मिल्लिया में अंजुमन तरक़्क़ी पसंद मुसन्नेफ़ीन जामिया मिल्लिया की तरफ़ से यौमे नज़ीर मनाया जा रहा है, क्या ही अच्छा हो कि मैं इस सिलसिले में नज़ीर पर एक ड्रामा तैयार करवा दूँ। नज़ीर के कलाम से दिलचस्पी तो मुद्दत से रही है, मगर नज़ीर पर ड्रामा लिखने का कभी ख़्याल न आया था। 'इंशा' के बारे में अलबत्ता सोचा करता था कि उर्दू के इस बाकमाल मगर नामुराद शाएर के कलाम और ज़िदगी पर एक बहुत रंगीन ट्रेजेडी लिखी जा सकती है।

नज़ीर की नज़्मों को ज़रा ग़ौर से देखा तो हमारी मुआशरत की बहुत-सी तसवीरें निगाह के सामने खिंच आईं जिनकी रंगीनी 'इंशा' क्या उर्दू के बड़े से बड़े शायर के कलाम को फीक़ा कर देती है। उसकी नज़्मों के आहंग में रजाइयत और अफ़ादियत की गूँज सुनाई दी और मैं इस ख़्याल से फड़क गया कि नज़ीर की आवाज़ उर्दू के हर शायर से अलग है, मगर इंसानियत की आवाज़ है। और ये हमागीरी किसी और को नसीब न हुई।

नज़ीर से मुताल्लिक जितनी किताबें मिल सकती थीं वो किताबें सँभालीं और एक गोशे में बैठ गया। मुताले के दौरान नज़ीर के कलाम से मेरी दिलचस्पी तो ज़रूर बढ़ती चली गई लेकिन साथ ही ड्रामा लिखने के सिलसिले में मेरी उलझनें भी बढ़ गईं। मैं ड्रामे के लिए कशमकश (Conflict) की तलाश में था, नज़ीर के हालाते

ज़िंदगी मालूम कर रहा था। और उनके हालात की तसदीक़ व तहक़ीक़ के लिए सनदें ढूँढ़ रहा था कि मुझे यकायक उर्दू शाइरी की तारीख़ का सबसे बड़ा ड्रामा मिल गया।

आम तौर से ये माना जाता है कि 'मीर' और 'ग़ालिब' के ज़मानों के दरमियान जो दौर गुज़रा है उसने कोई ऐसा शाएर पैदा न किया जो 'मीर' और 'ग़ालिब' का हम पल्ला हो। 'ग़ालिब' के दौर में शोरा अपनी रवायतों को याद करते तो एक आवाज़ होकर बस यही कहते कि : ''सुनते हैं अगले ज़माने में कोई 'मीर' भी था।'' 'ग़ालिब' के बाद निगाह सीधी 'इक़बाल' पर पड़ती है, और 'इक़बाल' के साथ कुछ 'हाली' की याद ताज़ा हो जाती है। ये हस्तियाँ हमारी शाइरी की तारीख़ में संगे-मील की हैसियत रखती हैं जिनकी शख़्सियत हमारी सारी तवोज़्ज़ोह जज़्ब कर लेती है। हालाँकि हक़ीक़त ये है कि 'हाली', 'इक़बाल' और 'इक़बाल' के बाद 'जोश' और जदीद शोरा का कलाम सबसे ज्यादा उर्दू के उस फ़क़ीर शाएर का मरहूने-मिन्नत है, जो हमारे अदब ने 'मीर' के बाद और 'ग़ालिब' से पहले पैदा किया और जिसका ज़िक्र उर्दू अदब की तारीख़ में नहीं मिलता। और अगर मिलता है तो यूँ कि जैसे लिखने वाला 'नज़ीर' का ज़िक्र कर के उसकी ज़ात पर बहुत बड़ा एहसान कर रहा है।

गौर से देखा जाए तो नज़ीर के कलाम और अंदाज़े-बयान में आज भी इतना तनौव्वो और इतनी गुंजाइश है कि उससे जदीद शाइरी बहुत कुछ सीख सकती है। हमारी शाइरी पर हैयत और मौज़ू के हज़ार इनक़्लाबात के बावजूद आज तक ग़ज़ल का बहुत गहरा असर पाया जाता है, और हमारी उर्दू ग़ज़ल की फ़िज़ा ज़्यादातर ईरानी मुआशरत की परवरदा है। उन पुरानी तरकीबों और इसतेआरो, उन पिटे हुए लफ़्ज़ों और मुहावरों से असरेहाज़िर के नग़मे बोझल हैं। मगर अवाम की ज़बान और हिंदुस्तानी लहज़े में बात करने का सलीक़ा आज भी 'नज़ीर' अकबराबादी से सीखा जा सकता है। 'नज़ीर' उर्दू का सबसे ज़्यादा 'हिंदुस्तानी' शाएर था। जो हैसियत उर्दू नाविलिनिगार रतननाथ शरशार और प्रेमचंद की है वही उर्दू शाइरी में 'नज़ीर' अकबराबादी की!

'नज़ीर' लगभग एक सौ साल ज़्यादा रहा। उसकी ज़िंदगी में उसे किसी अदीब ने न पूछा, मरने के कमोबेश एक सौ साल बाद तक उसका नाम किसी नक़्क़ाद की ज़बान पर न आया मगर दो सौ साल तक अवाम ने नज़ीर को ज़िंदा रखा। उसके अशआर और उसकी नज़्में सीना-ब-सीना आज की नस्ल तक पहुँचा दिए

गए, अवाम ने अपनी 'अमानत' की बड़ी ज़िम्मेदारी से हिफ़ाज़त की और हिंदुस्तान के शहर, देहात और क़सबे आज भी नज़ीर के नग़मों से गूँज रहे हैं। दरवेश और गदागर शुमाल से लेकर जुनूब तक आज भी नज़ीर की नज़्में गली-कूचों में गाते फिर रहे हैं। ये 'नज़ीर' की ज़िंदगी और कलाम का सबसे बड़ा ड्रामा है और हमारी तारीख़े-अदब का सबसे दिलचस्प बाब!

ड्रामे के अंदर कलामे-नज़ीर के उस पहलू को उजागर करना चाहता था और उसी को मैंने अपना मौज़ू बनाया।

नज़ीर के हालाते-ज़िंदगी मालूम करने के सिलसिले में जो दुश्वारियाँ पेश आई हैं खुद ये दुश्वारियाँ ड्रामे के हक़ में रहमत बन गईं ड्रामे के मौज़ू और तकनीक के मुक़र्रर करने में उनका भी हाथ है।

नज़ीर की सवानेह की छानबीन करने के सिलसिले में लिखने वालों ने अपनी ज़ेहानत से काम लेकर बड़ी हाशिया आराइयाँ की हैं, और जितनी तफ़सीलात हमें किताबों के ज़रिए नज़ीर की ज़िंदगी के बारे में मालूम हैं उनमें से अकसर शुब्हे से ख़ाली नहीं, यहाँ तक कि तारीख़े-पैदाइश के बारे में भी इख़्तेलाफ़े-राय पाया जाता है। अगर कोई बात हमें वाज़ेह तौर से मालूम है तो बस ये कि अठारहवीं-उन्नीसवीं सदी के उस अज़ीमुश्शान शाएर को मोतक़द्देमीन ने शाएर ही न माना, मुबतज़िल गो कह दिया। लेकिन अवाम ने उसके कलाम को सर आँखों पर उठाया और यही हक़ीक़त हमारे लिए सबसे ज़्यादा अहमियत रखती है।

बस तो फिर ड्रामा हो या मोक़ाला, नज़ीर के बारे में बात कहने की यही है, मगर ड्रामे के अंदर ये बात किस ढंग से कही जाएगी, ये मेरे लिए एक मसला बन गया, इस दुश्वारी का असर ड्रामे के रूप पर बराहे-रास्त पड़ा। मैंने पहले तो ये सोचा था कि नज़ीर की ज़िंदगी के मुख़्तलिफ़ पहलू ड्रामे में उजागर करूँ या उसकी ज़िंदगी के किसी एक गोशे पर रौशनी डालूँ और एक छोटा-सा नाटक तैयार कर लूँ। मगर इसके बारे में तसदीक़ से मैं क्या कह सकता था, और अगर कह भी लेता, तो कहने की बात तो ये न थी।

मुझे तो ये कहना था कि नज़ीर की अवाम दोस्ती ने उसे हयाते-दवाम बख़्श दी है और 'नज़ीर' फ़क़ीर और दरवेशों में आज तक मक़्बूल है। बस 'नज़ीर' की नज़्मों ही में मुझे ड्रामे के लिए एक जदीद तर्ज़ का फ़क़ीरों का 'कोरस' मिल गया जो ड्रामे की बुनियादी कड़ी है।

मैं ये कहना चाहता था कि उस ज़माने के पढ़े-लिखे मुतवस्सित तब्क़े ने नज़ीर

की इनसान की हैसियत से तो तारीफ़ की, लेकिन बहैसियत शाएर उसको नज़रअंदाज़ किया। अलबत्ता छोटे काम करने वाले और कारीगरों में वो मक़्बूल रहा। बस मुझे कुतुबफ़रोश और पतंगवाले किरदार मिल गए, जिनके बल पर ड्रामा आगे बढ़ता है और जिनकी दुकानें बाज़ार के दो अहम तरीन मरकज़ हैं।

मैंने पढ़ रखा था कि नज़ीर राह चलते नज़्में कहा करते, और छोटे पेशे वाले लोग और भिखारी अक्सर उनसे नज़्मों की फ़रमाइश करते, और वे उनकी बात कभी न टालते। ख़्वाह ये अफ़साना हो या हक़ीक़त, मुझे ये बात बहुत अच्छी लगी, इससे मेरे ड्रामे को बहुत मदद मिल रही थी, और कलामे नज़ीर पढ़ने के बाद मैं इस पर ईमान लाने के लिए बिल्कुल तैयार था। चुनाँचे ककड़ीवाले के किरदार ने ड्रामे के हीरो की शक्ल इख़्तेयार कर ली, और यहीं से मुझे अपने प्लॉट की बुनियाद भी मिल गई और ड्रामे का मंज़र भी और इसका उनवान भी!

प्लॉट के ऐतबार से ड्रामा अफ़सानवी हैसियत रखता है, कहानी मनगढ़ंत है, और बहुत छोटी और सीधी-सादी! मैंने ज़ोर इस बात पर दिया है कि 'खेल' को उस रूप में पेश करूँ कि जो बुनियादी बात नज़ीर के बारे में कहना चाहता हूँ वो ठीक-ठीक और दिलचस्पी के साथ कह पाऊँ।

मैं उसकी नज़्मों की तारीख़ी पसमंज़र में देखने की कोशिश कर रहा था मैंने देखा कि उन नज़्मों की बिना पर हमारी उस ज़माने की पूरी मुआशरती तारीख़ मुरत्तब की जा सकती है। इस कलाम को उस अहद के सियासी और समाजी पसमंज़र से हटकर समझना दुश्वार है, और इस दुश्वारी ने एक नए किरदार की तशकील की। और मदारी के मुकालमे मेरे हाथ आए।

हमारी अदबी तारीख़ों में या तो मुल्क के सियासी और समाजी हालात सिरे से मिलते ही नहीं या अगर मिलते हैं तो बराए नाम। और हमारी सियासी तारीख़ों में अदबी और मुआशरती हालात का पता नहीं चलता। हालाँकि इन दोनों को एक-दूसरे से अलग करके देखना ग़लत और गुमराह कुन है। चुनाँचे मुझे दोनों क़िस्म की किताबों को सामने रखकर और काग़ज़ पर तारीखें जोड़-जोड़ हिसाब लगाना पड़ा कि हमारी तारीख़े-अदब और सियासी तारीख़ में क्या रब्त है। इस जद्दोजेहद का नतीजा बहुत से मुकालमों के इलावा घोड़ों के सौदागर का किरदार है! और इसी काविश ने ड्रामे का ज़माना मुक़र्रर करने में बहुत मदद पहुँचाई।

ड्रामे का ज़माना लगभग 1810 ई. है। अगर आम राय के मुताबिक़ 1735 ई. नज़ीर की तारीख़ पैदाइश मान ली जाए तो इस ज़माने में नज़ीर की उम्र कोई

75 वर्ष की होगी, अभी उनकी ज़िंदगी के 20 साल और बाक़ी थे। 1830 वफ़ात का साल है। मैंने ड्रामे के लिए ये ज़माना कई वजूह की बिना पर मुक़र्रर किया।

नज़ीर ने 'ख़ान आरज़ू' शाह हातिम, सौदा व 'मीर' से लेकर ग़ालिब तक का ज़माना देखा। 'मीर' के साथ उर्दू शाइरी का एक दौर खत्म होता है और 'मीर' का इंतक़ाल 1810 ई. में हुआ था जबकि ग़ालिब की उम्र चौदह बरस की थी। मैं 'मीर' जैसे गिरां-क़द्र शाएर के कलाम को सामने रख कर नज़ीर के बारे में बात करना चाहता था। और साथ ही ये इशारा भी मंजूर था कि इसी ज़माने में उर्दू ज़बान ने अपना वो महबूब शाएर भी पैदा कर दिया था जो आगे चलकर 'ग़ालिब' कहलाएगा।

ये वो ज़माना था कि शख़्सी हुकूमत की बुनियादें हिल चुकी थीं, मुग़लिया सल्तनत का ख़ात्मा हो गया था, अकबरे-सानी बराए-नाम दिल्ली के तख़्त पर बैठे थे मुल्क में अंग्रेज़ों का इफ़्तेदार बढ़ रहा था और चारों तरफ़ लूट-खसोट मची हुई थी। अन्दरूनी और बैरूनी हमलों से दिल्ली और आगरे पर बार-बार तबाही आ चुकी थी और शोराए-उर्दू दिल्ली छोड़कर भाग रहे थे और लखनऊ बहुत तेज़ी से अदबी मरकज़ बन चला था। लखनऊ नवाब सआदत अली ख़ाँ का दौर-दौरा था और उर्दू शाइरी का इन्हेतात, जो उस दौर से वाबिस्ता है, शुरू हो गया था। साथ ही साथ उर्दू नस्र पनप रही थी और कलकत्ता में अंग्रेज़ों के क़ायम किए हुए फ़ोर्ट विलियम कॉलेज में तर्जुमा व तसनीफ़ो-तालीफ़ का काम बढ़ रहा था।

यानी उस दौरे-इन्हेतात में भी हमारे समाजी निज़ाम में वो अनासिर मौजूद थे जो आगे चलकर तरक़्क़ीपसंद बनने की सलाहियत रखते थे। पुराना समाजी ढाँचा टूट-फूट रहा था। चारों तरफ़ अफ़रातफ़री और सियासी बेचैनी फैल रही थी। लोगों की इफ़्तेसादी हालत दिन-ब-दिन गिर रही थी और इन हालात का रद्देअमल 47 साल बाद 1857 ई. की जंगे-आज़ादी की शक्ल इख़्तेयार करने वाला था जिसका असर ग़ालिब की शाइरी ने क़बूल किया।

इन सियासी व समाजी हालात की रौशनी में नज़ीर के कलाम को देखा जाए तो उसकी सच्चाई और गहराई का सही अंदाज़ा होता है। चुनाँचे मुझे उन्नीसवीं सदी की इब्तेदा का ज़माना ड्रामे के लिए सबसे ज़्यादा मानी ख़ेज़ और मुनासिब मालूम हुआ, उसकी नज़्मों का तारीख़ी तज्ज़िया करने के लिए ये दौर बहुत मौज़ू था।

मैं ड्रामे की बुनियाद नज़ीर की ज़िंदगी को नहीं बल्कि उसके कलाम को बनाना

चाहता था। ड्रामा लिखने के दौरान ये बात भी ज़ेहन में आई कि नज़ीर को स्टेज पर न लाना ही बेहतर होगा। इससे न सिर्फ़ मेरे मौज़ू के बहुत से मरहले तै हो गए बल्कि मेरी तकनीक पर भी इसका अच्छा असर पड़ा और तकनीक और मौज़ू का गुथाव बढ़ गया।

नज़ीर के हाँ जो तसौबुफ है, मैं उसे ड्रामे का मौज़ू नहीं बनाना चाहता था, बल्कि उसके बेशतर अशआर में जो जोश, उमंग और इंसानियत दोस्ती पाई जाती है, मैं चाहता था कि यही ड्रामे की रूहे-रवाँ बन जाए। चुनाँचे अगर मैं 75 वर्ष बूढ़े नज़ीर को स्टेज पर ले आता तो अपनी बात सफाई से न कह पाता। उसका असर बराहे रास्त मेरे मौज़ू पर पड़ता।

फिर ये कि मैं नज़ीर को अमर देखता चाहता था। क्यूँकि ये हक़ीक़त है कि उसका कलाम ज़िंदा-जावेद है। उसकी शख़्सियत के अफ़सानवी पहलू को भी बरक़रार रखना चाहता था। चुनाँचे नज़ीर को सामने न लाकर ही मैं उसे तारीख़े-अदब के ड्रामे का सबसे बड़ा हीरो साबित कर सकता था। किसी अदाकार के लिए बहुत मुश्किल था कि उस हीरो को अपनी तमाम अज़मत के साथ बऐनेही स्टेज पर पेश कर दे।

एक मरहला ये पेश आया कि अगर नज़ीर सामने नहीं आया तो फिर क्यूँ कर स्टेज पर उसकी मौजूदगी की फ़िज़ा और देखने वालों के दिलों में उसकी शख़्सियत का एहसास पैदा किया जा सकता है। इस गुत्थी को सुलझाने में मुझे बहुत सी नई-नई बातें सूझीं उनमें से एक नज़ीर की नवासी का किरदार है। जिसका ख़्याल मुझे इस बात से आया कि अब्दुलग़फ़ूर शहबाज़ ने नज़ीर के अक्सर हालाते-ज़िंदगी उनकी नवासी विलायती बेगम से मालूम किए थे।

इसी तरह मैंने पहले सोचा था कि मीर को स्टेज पर पेश करूँ मगर ये इरादा भी तर्क कर दिया। अलबत्ता अलामती किरदारों से काम लिया, मसलन तज़किरानवीस न सिर्फ़ उस ज़माने और उसके बाद के तज़किरा नवीसों की नुमाइंदगी करता है बल्कि उसके किरदार में मीर की शख़्सियत की भी झलक मिलती है। इसे अबुलक़ासिम मीर कुदरतुल्ला, शेफ़्ता, मीर की शख़्सियतों का इम्तिज़ाज समझिए।

रवायती शाइरी के इन्हेतात की तसवीर शाएरनुमा आदमी के किरदार में और मुतवस्सित तबक़े की मुतज़ाद ज़ेहनियत का नक़्शा उसके हमजोली के किरदार में पेश करने का फ़ैसला किया।

खोमचेवालों, कुम्हार, पतंगफ़रोश वग़ैरह के किरदार मुझे बड़ी आसानी से

नज़ीर की नज़्मों में से मिल गए, उन नज़्मों की ड्रामानिगारी मेरे काम आई, यहाँ तक कि पतंगफ़रोश और मदारी के अक्सर मुकालमे भी मुझे नज़ीर के अशआर ही से मिल गए।

एक माह के मुताले के बाद एक हफ़्ते के अंदर मैंने ड्रामा लिखा और फिर जामिया मिल्लिया वालों ने मेरे साथ मिलकर एक ही हफ़्ते में ड्रामा तैयार भी किया। काम करने वालों में जामिया मिल्लिया के असातेज़ा, तोलबा, और बच्चों के इलावा कुछ दिल्ली के लोग और दिल्ली के आस-पास के देहातों के मर्द और औरतें भी शामिल थीं, तुग़लकाबाद, बदरपुर और ओखला गाँव की मंडली भी शरीक थी, ओखले का एक गदहा और मेंढ़ा भी। सब मिलाकर कोई 75 आदमी बयक वक़्त स्टेज पर आए। उनकी रात-दिन की जाँ फ़िशानी का नतीजा था कि हाज़रीन में से हर तबक़े के आदमी ने बड़ी गर्मजोशी से उनका इस्तेक़बाल किया और अक्सर लोगों ने ये ख़्वाहिश ज़हिर की कि इस शहर में भी दिखाया जाए। चुनाँचे ड्रामा जामिया ड्रामेटिक सोसाइटी की तरफ़ से नई दिल्ली में हो रहा है।

ख़ास तौर पर बेग़म कुदसिया ज़ैदी, बेग़म अनीस क़िदवई, मिसेज़ एलिज़ाबेथ गाबा और प्रो. मो. मुजीब की सरपरस्ती ने ड्रामा करने वालों के हौसले बहुत बढ़ाए, और उन्हीं की काविशों का नतीजा है कि 19, 20, 24, और 25 अप्रैल को ड्रामा शहर में दिखाया जा रहा है। पचास-साठ आदमियों की कास्ट इन दिनों उसी की तैयारी में लगी हुई है। और उनमें से हर शख़्स के दिल में यही एक ख़्याल है कि—

हवस है अब तो यही नक़्दे-दिल तलक दीजे
शराबे-इश्क़ को ख़ूबाँ में बैठकर पीजे
भरा है दिल में वहुत शौक़ आह क्या कीजे
नज़ीर आज भी चल कर बुतों से मिल लीजे
फिर इशत्याक़ का आलम रहे न रहे।

—हबीब तनवीर

जामिया नगर
नई दिल्ली
16 अप्रैल 54 ई.

भूमिका

हमने इस इश्क़ में क्या खोया है क्या पाया है
जुज़ तेरे[1] और को समझाऊँ तो समझा न सकूँ

—**फ़ैज़** अहमद **'फ़ैज़'**

'आगरा बाज़ार', 'मिट्टी की गाड़ी' और 'चरनदास चोर' यह तीन नाटक इसी तरतीब से मेरे रंगकर्म के सफ़र में संगे-मील हैं। यानी सन् 1954, 1958 और 1975—ये तीन साल मेरे आर्ट के इरतिक़ा (विकास) में सबसे ज़्यादा अहमियत और मेरी थिएटर की ज़िन्दगी में तारीख़ी हैसियत रखते हैं। यही तीन नाटक हैं, जो कम्बल की तरह मुझसे चिपककर रह गए और बार-बार की फ़रमाइशों ने उन्हें सदाबहार बना दिया। इसके अलावा यही तीन ऐसे नाटक भी हैं, जिन्हें आलोचकों ने कुतर-भँभोड़ा। लेकिन अवाम में इनकी मक़बूलियत कम न हुई बल्कि बढ़ती ही गई। यही तीन ऐसे नाटक भी हैं, जिन्होंने अपने-अपने ढंग से मुझे वो शैली दी, जिसमें एक लिहाज़ से बाद के सारे 'प्रोडक्शनों' में मेरे दस्तख़त की सूरत अख़्तियार कर ली। इन सब बातों के अलावा एक यह हक़ीकत भी क़ाबिले-ज़िक्र है कि यही तीन नाटक मेरे ख़्वाब की ताबीर बर लाने में सबसे ज़्यादा मेरे मददगार साबित हुए हैं। वो ख़्वाब था—एक पेशावर थिएटर बनाना।

ओखला थिएटर

पेशावर थिएटर से मेरी मुराद ऐसा थिएटर नहीं जिसका ताल्लुक़ व्यौपार और

1. सिवाय तेरे

मुनाफ़ा से हो बल्कि ऐसा थिएटर है, जिसमें आर्टिस्ट भी रोज़ी-रोटी की परेशानियों से सुबकदोश (मुक्त) होकर अपना सारा वक़्त बस एक काम के लिए वक़्फ़ (समर्पित) कर दें ताकि अपने थिएटर के आर्ट को कमाल की चोटी पर पहुँचा सके। और थिएटर के काम से इतना कमा भी सके कि उसे रोज़गार के किसी और वसीले (माध्यम) का मुँह न देखना पड़े।

मैंने सन् 1954 में जब 'आगरा बाज़ार' लिखा और उसे स्टेज पर पेश किया तो उस वक़्त तक मैंने, न संस्कृत नाटकों का मुतालआ (अध्ययन) किया था, न बर्तोल्त ब्रेष्ट का, और न ग्रामीण नाटकों की लोक शैलियों पर गहरी नज़र डाली थी। इसके बावजूद 'आगरा बाज़ार', 'मिट्टी की गाड़ी' और 'चरनदास चोर' बज़ाहिर एक सूत्र में गुँथे हुए नज़र आते हैं, यानी मेरे अपने थिएटर के विकास के सोते 'आगरा बाज़ार' से मिलते हैं। यह तो रहा शैली और स्टाइल का मामला। अब यह अलग बात है कि खुद 'चरनदास चोर' के लिए रास्ता साफ करनेवाला 'प्रोडक्शन' था—'गाँव के नाँव सुसरार, मोर नाँव दमाद'। इस प्रस्तुति ने न सिर्फ़ 'चरनदास चोर' बल्कि बाद के सारे प्रोडक्शनों के लिए ज़मीन तैयार की। लेकिन इसका ताल्लुक अनपढ़ ग्रामीण कलाकारों, उनकी बोली, और उनके साथ मिलकर नाटक तैयार करने से ज्यादा है और बुनियादी एहसास से कम जो मेरे थिएटर की ज़िंदगी में इब्तेदा (आरंभ) से ही कारफ़र्मा (सक्रिय) रहा है।

अब रही पेशावर थिएटर क़ायम करने की मेरी जद्दोजहद सो वो 'आगरा बाज़ार' ही से ही शुरू हो चुकी थी। नौ साल मुंबई में गुजारने और कम से कम सात साल 'इप्टा' में थिएटर का तजुर्बा हासिल करने के बाद 1954 में दिल्ली इसी इरादे से आया था। जामिया मिल्लिया के मंच पर 'आगरा बाज़ार' की कामयाबी ने ताज़ियाने का काम किया और मैं मुस्तैदी से अपने उसी ख़्वाब की ताबीर ढूँढ़ने में लग गया। उस ज़माने में प्रो. मुहम्मद मुजीब जामिया मिल्लिया इस्लामिया के वाइस चांसलर थे। वह खुद बहुत अच्छे ड्रामानिगार थे और खुद डायरेक्शन भी दिया करते थे। उन्होंने ही जामिया ड्रामा सोसायटी की बुनियाद डाली थी और बच्चों में, टीचरों में नाटक के लिए शौक़ कुछ ऐसा पैदा कर दिया था कि नाटक में हिस्सा लेने वाले बड़े-छोटे सभी उनके आगे-पीछे रहते थे। मुजीब साहब ने जब देखा कि एक शख़्स नया जामिया में आया है वह बस एक ही धुन लिए फिरता है और वो धुन थिएटर की धुन है तो उन्होंने अपना सारा ज़ोर हर तरह से मेरी मदद करने में लगा दिया। कलाम साहब शुरू से मेरी मदद कर ही रहे

थे, उनके तआवुन (सहयोग) के बग़ैर तो नाटक तैयार ही नहीं किया जा सकता था। नाटक की तैयारी आर्ट डिपार्टमेंट के खुले मंच पर होती थी। उसी मंच पर नाटक का पहला शो पेश किया गया था। और कलाम साहब आर्ट डिपार्टमेंट के डायरेक्टर थे। उसके बावजूद जामिया की फ़िज़ा में इब्तेदा से जो दाढ़ियाँ लहरा रहीं थीं, उनका उस वक़्त भी बहुत ज़ोर था। और बरसों तक उनकी इक़्तिदार (सत्ता) क़ायम रहा। वहाँ के मुल्ला-मौलवी नाटक-नौटंकी के ख़िलाफ़ थे। खुद मुजीब साहब उनके आगे बार-बार चुप हो जाते। कलाम साहब जो उस जंग में हमारे साथ कदम से कदम मिलाकर चलते रहे थे, न जाने उन्हें किसी शख़्स ने क्या कह दिया कि बीच में वह उखड़ गए। कुछ सनक उनके मिज़ाज में हमेशा रही थी। जिस तरफ़ झुक गए झुक गए। बस उनके दिमाग़ को एक अजीब शक ने आ घेरा। उन्हें यक़ीन हो गया कि हबीब दरअसल आर्ट डिपार्टमेंट पर क़ाबिज़ होना चाहता है। इस तरह वह जो हमारे हामी भरने वालों में सबसे आगे थे अब वही हमारे सख़्त दुश्मन हो गए। मुझे जामिया में थिएटर कायम करने का ख़्याल तर्क करना पड़ा। मैंने जामिया थिएटर का ख़्याल छोड़, 'ओखला थिएटर' स्थापित किया।

सथ्यू ने ओ.टी. के हुरूफ़ पर एक खूबसूरत मोनोग्राम भी बना दिया। मुहर भी बनवा दी। यमुना के किनारे ओखला गाँव है और ओखला के निकट जामिया मिल्लिया! चुनाँचः इस निस्बत से कलाम साहब को 'ओखला थिएटर' पर भी एतराज़ हुआ। ग़र्ज़ वो ख़्याल छोड़ना पड़ा। उस मौक़े पर कुदसिया आपा ने हाथ पकड़ा और उनकी कोशिशों से दिल्ली के पहले पेशेवर थिएटर की बुनियाद पड़ी यानी 'हिन्दुस्तानी थिएटर'! बस पेशेवर थिएटर बनाने की जद्दोज़हद शुरू हो गई। क़िस्साकोताह 'आगरा बाज़ार' इस जद्दोज़हद की इब्तिदाई मंज़िल है। इसी 'हिन्दुस्तानी थिएटर' के लिए 1958 ई. में मैंने 'मिट्टी की गाड़ी' मंचित किया, जो इस जद्दोज़हद की दूसरी मंज़िल थी। उसके बाद इस तगो-दो (दौड़-धूप) की दास्तान बहुत लम्बी है। बिलआखिर 'नया थिएटर' जो 1959 में क़ायम किया गया था 1972-73 में जाकर पेशेवर बना और 1975 में 'चरनदास चोर' की कामयाबी ने उसकी जड़ें मजबूत बना दीं। चुनाँचः यह नाटक इस सफ़र की तीसरी और आख़िरी मंज़िल थी।

लॉरेंस ओलीवियर और एकार्ड

एक मुस्तक़िल (स्थायी) पेशेवर रेपट्री चलाने के लिए ट्रेनिंग याफ़्ता एक्टरों की जरूरत होती है। ट्रेनिंग चाहे स्कूल की हो, चाहे थिएटर में मुस्तक़िल काम करने के तजुर्बे से हासिल की जाए और अगर एक्टर को एक्टिंग का कोई तजुर्बा न हो और एक्टिंग की कोई ट्रेनिंग भी न हो तो कभी-कभी ज़िंदगी का तजुर्बा बहुत होता है।

मैंने लॉरेंस ओलीवियर (Lawrence Olivier) को एक फ़िल्म में, एक करोड़पति बिज़नेसमैन का पार्ट करते देखा था। फ़िल्म में कुछ ऐसा होता है कि वह व्यापारी दिवालिया हो जाता है और अपने आपको भीख माँगने पर मजबूर पाता है। ओलीवियर किसी बिल्डिंग के पास पार्क की हुई मोटरगाड़ियों के पीछे एक तारीक गोशे में अपनी सूरत छुपाए, हाथ में हैट लिए खड़ा हो जाता है और रास्ता चलने वालों से कहता है—I am hungry (मैं भूखा हूँ)! जिस शर्म-भरे अंदाज़ से तथा जिस तड़खी हुई आवाज़ में उसने ये सीधे-सादे तीन शब्द कहे थे, सुनकर मेरा दिल दहल गया। भूख, इस शिद्दत की भूख, इतने दिनों की भूख, भूख का यह कर्ब (पीड़ा) और दर्द! अल्लाह की पनाह!

मुझे यक़ीन है कि ओलीवियर को इस तरह की भूख का कभी कोई तजुर्बा नहीं रहा होगा। लेकिन बस, ज़िंदगी का मुशाहिदा था। और एक्टिंग की बेहतरीन ट्रेनिंग और थिएटर का तजुर्बा था। और इसके अलावा वह सलाहियत थी जो खुदा-दाद (भगवान की दी हुई) होती है।

इसी तरह एक बार मैंने एकार्ड (Eckard) को (Caucasion Chalk Cirle) 'कॉकेशियन चाक सर्किल' में अज़दक का पार्ट बरलीनर ऐन्सेंबल (Berliner Ensemble) में करते देखा। एकार्ड बर्तोल्त ब्रेष्ट का दामाद है। बेहद अमीर बिल्कुल बुर्ज़वा थिएटर के दूसरे कलाकारों से उसकी कोई दोस्ती नहीं। हर शख़्स को उससे नफ़रत। उसके रोज़मर्रा का लिबास देखिए तो इतने अमीराना कि वैसे भी उससे बात करने को आपका जी न चाहे। निहायत मुदम्मज़ (अहंकारी), घमंडी। इसके बावजूद भूखे-गरीब अज़दक का पार्ट इस कमाल से कर गया कि यक़ीन नहीं आ सकता कि इस शख़्स ने कभी भूख महसूस नहीं की होगी। लेकिन एकार्ड दुनिया के बेहतरीन एक्टरों में से एक है। उसकी एक्टिंग का यह कमाल है कि उसका भूखा-नंगा अज़दक मुझे आज तक नहीं भूलता।

रिपर्टरी थिएटर का ख़्वाब

ग़र्ज़ या सलाहियत ट्रेनिंग और थिएटर का तज़ुर्बा हो, या ज़िंदगी का तज़ुर्बा और कुछ थोड़ी सलाहियत! बस इन दो चीज़ों में से कोई एक चीज़ एक्टर बनने के लिए लाज़िमी है। 'नया थिएटर' में अनपढ़ ग्रामीणों में ऐसे भी आए हैं, जिन्हें न ट्रेनिंग थी, न थिएटर का तज़ुर्बा। ज़िंदगी का तज़ुर्बा ज़रूर था और प्रतिभा! यही वजह है कि ब्रेष्ट के नाटक 'गुड वुमेन ऑफ शेट्ज़वान' (Good women of Setzuan) के मेरे तर्जुमे 'साजापुर की शांति बाई' में फ़िदाबाई के अलावे इनके इर्द-गिर्द बहुत से ग्रामीण, जो थिएटर में से नाबल्द (अनभिज्ञ) और एक्टिंग में नातजुर्बेकार थे, अपना-अपना पार्ट निभाने में इस हद तक कामयाब थे। नादारी, मुफ़लिसी (निर्धनता), गरीबी तथा गरीबी से जो खुदग़र्ज़ी, मतलबपरस्ती (अवसरवादिता) और लालच पैदा हो जाता है, इसका उन्हें तज़ुर्बा था। थिएटर का न था। यानी यह ना हो तो वो हो!

सन् 1954 में 'आगरा बाज़ार' तैयार करते वक़्त न मेरे पास ऐसे एक्टर थे, न वैसे। जामिया के टीचर थे और जामिया के तलबा (छात्र)। बस एक शौक़ था, जिसमें सब घिरे हुए थे। लेकिन जब हम जामिया के खुले मंच पर रिहर्सल कर रहे होते तो जामिया के बच्चों के अलावा ओखला गाँव के मर्द-औरतें भी जमा हो जाया करते थे। कुछ देहाती अपनी बकरियाँ लिए वहीं ऑडिटोरियम से होकर यमुना के किनारे निकल जाया करते थे। मैंने उनसे कहा, रिहर्सल तुम लोग स्टेज पर बैठकर करीब से भी देख सकते हो, जाओ बकरियों समेत जहाँ जगह देखो, बैठ जाओ। औरतें अपनी बकरियाँ लिए खुशी-खुशी उठीं और झमाझम जाकर बैठ गयीं। बाद में फ़ैमिली के कुछ मर्द और बच्चे भी आकर स्टेज पर बैठने लगे। सेट कलाम साहब ने बना ही दिया था, ड्रामा जम गया। मुझे स्टेज पर से देखने वाले देहाती दर्शकों के लिबास के सिलसिले में भी किसी ख़ास एहतेमाम (औपचारिकता) की ज़रूरत पेश न आई। हमारे मुल्क में कम से कम देहात के लोगों का लिबास सदियों से वही चला आ रहा है। मर्द धोती, पाजामा, कुर्ते, शलूके में और औरतें रंग-बिरंगे घेरदार खूबसूरत घाघरों, ब्लाउज और चमचम करती हुई चुनरियों में! बस और क्या चाहिए था! व्यावसायिक थिएटर न सही 'आगरा बाज़ार' का वातावरण संपूर्ण था।

पेशेवर थिएटर न सही, 'आगरा बाज़ार' की फ़िज़ा मुकम्मल थी और जब

देहली के रामलीला मैदान के मंच पर हज़ारों दर्शकों के सामने ड्रामा पेश किया गया तो स्टेज वही देहाती थे। पानवाले की भूमिका में, जामिया का असली पानवाला, दर्ज़ी के रोल में असली दर्ज़ी और कुम्हार की दुकान पर जो एक गधा खड़ा था, उसकी शुरू से आख़िर तक स्टेज पर ख़ामोश मौजूदगी ने, लोगों पर बहुत असर डाला। और हक़ीक़तनिगारी (यथार्थ) और नाटक की वास्तविकता में जैसे चार-चाँद लग गए जब इस ख़ामोश और साबिद्र (संयमी) गधे ने स्टेज पर ढेर सारी लीद भी कर दी। यानी अब स्टेज पर रंग भी था और बू भी थी। और रंग-ओ-बू की यह फ़िज़ा दर्शकों तक साफ़ पहुँच भी रही थी। मुझे 'मास्को आर्ट थिएटर' में स्टॉनिस्लावस्की का तैयार किया हुआ चेख़व का पहला नाटक याद आ गया जिसमें कमरे, दरवाज़े, खिड़कियाँ सब थे। और इस सच्चाई के साथ कुछ बू-बास भी थी, जिसे लोग पहली बार देखकर दंग रह गए थे।

'आगरा बाज़ार' के शो बराबर चलते रहे और अगर रुके तो महज कलाकारों की अपनी-अपनी कारोबारी मजबूरियों की वजह से। दर्शकों की कमी की वजह से कभी नहीं रुके। बार-बार इस ड्रामे की फ़रमाइश होती रही, बार-बार हम नाटक लेकर भारत के मुख़तलिफ़ शहरों के चक्कर लगाते रहे। कश्मीर से लेकर कोलकाता तक। यू.पी. में काशी, लखनऊ, कानपुर, पंजाब के मुख़तलिफ़ शहरों में नाटक लिए घूमते रहे। और जब यह सिलसिला रुका तो कलाकारों की उसी मजबूरी से। वैसे ही फिर कुछ बरस बीते। फ़रमाइश जारी रही। कास्ट बदलकर ड्रामा फिर तैय़ार किया गया। फिर वही चक्कर। यानी एक लंबा चक्कर जो घूमा और फिर रुक गया। उसके साथ मेरा पेशेवर रिपर्टरी बनाने का जो ख़्वाब था, वो भी वहीं रुक गया।

मुहर्रम अली

मैं शौक़ की बात कर रहा था। कभी-कभी किसी-किसी एक्टर को पहली बार स्टेज पर आ जाने के बाद थिएटर का कुछ ऐसा चस्का लगता है कि मुश्किल से छूटता है। एक दर्दनाक हादसा इस तरह के शौक़ का मैंने 1954 में जामिया के 'आगरा बाज़ार' ही के ज़माने में देखा। मदारी के पार्ट के लिए मैंने एक सीधे-सादे एक नौजवान लड़के मुहर्रम अली को चुना था। मुहर्रम अली बिल्कुल स्याहफ़ाम काला-कलूटा था। चेचक के दाग़ चेहरे पर, एक आँख में जाला, सूरत शक्ल खूबसूरत न सही, चेहरे से एक करेक्टर ज़रूर था। उम्र कोई पन्द्रह-सोलह साल।

उसने मदारी का पार्ट बड़े शौक़ से निभाया और जब शो का सिलसिला ख़त्म हुआ तो वह ग़ायब हो गया। जामिया में यही चर्चा सुबह शाम रहती। कि न जाने वह कहाँ चला गया। फिर किसी ने खबर दी कि वह मुंबई में पाया गया है और फिल्मों में पार्ट करने के चक्कर में फ़िल्म स्टूडियो के चक्कर लगा रहा है। हम लोग यह सुनकर हँस पड़े। कुछ दिनों बाद मालूम हुआ कि वहीं उसका इन्तक़ाल (देहांत) हो गया। पेचिश हो गई थी, बस इसी आज़ार में चंद ही दिनों के अंदर गुज़र गया। हम लोग सन्नाके रह गए। उसका लड़कपन, उसकी मासूमियत, उसका भोलापन याद आता रहा। और आज भी उसका ख़्याल आता है तो उसका चेहरा नज़रों में घूम जाता है।

ग्यारसा और संगीता

सन् 1989 में मुझे ग्यारसा देहली में मिल गया। ग्यारसा एक राजस्थानी नट था। शादीपुर डिपो में रहता था। उसकी बेटी संगीता का करतब देखा। संगीता बारह-तेरह बरस की छरहरे बदन की लड़की। पानी का गिलास लेटे-लेते माथे पर रख लेती थी। और लोहे का एक छोटा-सा रिंग पाँव से बदन पर सरकाते हुए, कमर से ऊपर तक लाकर सर की तरफ़ से बाहर निकाल लेती थी। और न गिलास गिरता, न पानी की एक बूँद गिलास में से छलकती। ग्यारसा और संगीता जब कमानी ऑडिटोरियम में स्टेज पर उतरे और मेले के सीन में दोनों ने अपना करतब दिखाया तो हॉल में सन्नाटा छा गया। सिर्फ़ ग्यारसा के ढोल की आवाज़ थी और लोग साँस रोके संगीता का दुश्वार गुज़ार कमाल देख रहे थे। जैसे ही रिंग संगीता के सर की तरफ़ से बाहर निकला हॉल देर तक तालियों से गूँज उठा।

अब संगीता जवान हो गई है। शादीशुदा है। एक दो-बच्चों की माँ है। ग्यारसा जब भी मुझे पकड़ पाता है बस यही कहता है कि नट का काम कोई नहीं देख रहा। आप हमें थिएटर में क्यों नहीं रख लेते? अब मैं ग्यारसा को कैसे समझाऊँ कि हर नाटक में नट का काम नहीं दिखाया जा सकता। बहरहाल अब जो नवंबर 2004 में 'आगरा बाज़ार' फिर से होने वाला है, मुझे ग्यारसा का ख्याल घेरे हुए है। उसे कहाँ से ढूँढूँ और मिलने पर पूँछूँ कि अब संगीता के जैसा काम करने वाला आर्टिस्ट तुम्हारे पास कौन है? यदि कोई है तो मेरे साथ उसे लेकर मुंबई चलो।

असली बदबूदार फ़क़ीर

'आगरा बाज़ार' को लगभग हर दशक में पुनर्जन्म मिलता रहा है। और हर अवतार में, उसकी कास्ट में, साख्त (बनावट) में किरदारों और वाक़ियात (घटनाओं) में तब्दीली होता रही है। जहाँ तक कास्ट में फ़क़ीरों के कोरस का ताल्लुक़ है, जामिया के शो में दो भाई अशफ़ाक़ मुहम्मद ख़ाँ और इश्तियाक़ मोहम्मद ख़ाँ जो जामिया से वाबिस्ता (सम्बद्ध) थे, उन्होंने फ़क़ीरों के गाने गाए और फिर आगे चलकर एक बार यह हुआ कि मुझे नाटक के लिए अजमेर के दो असली फ़क़ीर मिल गए, जिन्हें मैंने फ़क़ीरों के कोरस में रख लिया। जोगाराम और लालचन्द सड़कों पर गाते और माँगते नज़र आए। आवाज़ कानों को बहुत भली लगी। हम लोग उस समय देहली में जे. एन. यू. के सामने बेर सराय में रहते थे। मैंने उन्हें घर बुलाकर नज़ीर की एक नज़्म (कविता) सुनाई। उर्दू के तलफ़्फ़ुज (उच्चारण) उनके अमूमन (सामान्यतः) दुरुस्त थे। उन्हें बचपन में सुनी हुई फ़क़ीरों की धुन सुनाई। धुन उन्होंने सीख ली। नज़्में भी याद कर लीं। मैंने हाथ में डंडा दिया। और लोहे के कड़े दिए। मेरे बचपन में तो ऐसे कड़े बजाने वाले फ़क़ीर रमज़ान के महीने में रात को सहरी के लिए रोज़ेदारों को जगाने की गर्ज़ से रायपुर की सड़कों पर बहुतेरे घूमते रहते थे और उसके बाद भी बरसों ऐसे फ़क़ीर देहली से लेकर बंगलोर तक मैं देखता रहा हूँ। लेकिन उस वक़्त तक यह फ़क़ीर बहुत कम हो गए थे और अब तो वे ख़ैर बिल्कुल नापैद (लुप्त) हैं। कड़े बजाना बज़ाहिर बहुत आसान मालूम होता है लेकिन दरअसल है बहुत मुश्किल। जो कड़े बजाने में माहिर होते थे वह महज़ ताल पर कड़े बजाते ही नहीं थे, बल्कि स्थायी के अख़ीर में डंडा कड़ों पर कुछ इस कमाल से फिराते थे कि ताल का वक़्फ़ा (अन्तराल) एक बहुत खुशगवार घर्र...र-र के आवाज़ से भर जाता था। बहरहाल जोगाराम और लालचंद वह कमाल तो नहीं दिखा सकते थे लेकिन ताल पर ठन-ठन की आवाज़ पैदा कर लेने में जरूर कामयाब थे।

हमारे फ़क़ीर हर लिहाज़ से बिल्कुल ठेठ असली फ़क़ीर थे। गुदड़ी तो हमने उनके पहनने के लिए बनवा दी और हाथ में एक कशकोल (भिक्षा-पात्र) भी दे दी जो उनके पास नहीं थी, लेकिन गाने के अन्दाज़ में और बदन की बू में बिल्कुल असली फ़क़ीर थे। इस बात का अन्दाज़ा हमें उस दिन हुआ जब हम श्रीनगर में एक बड़े हॉल में ठहरे थे। उस वक़्त तक छत्तीसगढ़ी कलाकार नया थिएटर

में आ चुके थे। उन दिनों मोनिका और मैं कलाकारों के साथ सेकण्ड क्लास स्लीपर में ही रेल का सफ़र करते थे। सेकण्ड क्लास ए. सी. में सफ़र करना हमने 1972 से शुरू किया जब मैं राज्यसभा का सदस्य हो गया था। श्रीनगर में शो के बाद जब रात गुज़ारने उस जगह वापस आए जहाँ सब ठहरे थे तो छत्तीसगढ़ी कलाकारों ने बड़ी फुर्ती से अपनी-अपनी जगह सँभाल ली। बिस्तरे बिछा दिए। उस बड़े हॉल में फ़क़ीरों के लिए एक कोना बच गया। जोगाराम और लालचंद ने उस कोने में अपना बिस्तर बिछाया। अब हमारे लिए कोई जगह बाक़ी नहीं रह गई। सिवा एक टुकड़े के जो जोगाराम और लालचन्द के बिल्कुल निकट था। बस उस वक़्त हमने देखा कि हमारे फ़क़ीर असली बदबूदार फ़क़ीर हैं।

दोनों शराब बहुत पीते थे। एक बार देहली में इंडियन एयरफ़ोर्स ऑडिटोरियम में एयरफ़ोर्स के आयोजन में शो हुआ। शराब इफ़रात (पर्याप्त) थी। जोगाराम और लालचंद लगातार पी रहे थे। रम थी, बग़ैर पानी मिलाए बड़े-बड़े पेग दोनों पीते रहे। जोगाराम कोई आठ पेग पी चुके थे और एक अँधेरे गोशे में ख़ामोश खड़े थे। एयरफ़ोर्स का एक आदमी बोतल लेकर उनके पास पहुँचा और पूछा—और? जोगाराम ने सर के इशारे से हामी भरी। और पूरा गिलास लबालब रम से भरवा लिया। गिलास में चार-पाँच पेग से कम शराब न होगी। बस गिलास हाथ में लेकर मुँह से लगाया और पानी की तरह गटागट एक साँस में पी गए। हम सब देखकर दंग कि यह कैफ़ीयत आठ पेग पी चुकने के बाद थी। नशा बज़ाहिर नाम को न था। बस एकदम ख़ामोश ज़रूर हो गए थे मगर पाँव ज़मीन पर जमे हुए थे। बहकना, लड़खड़ाना किसी पहलू नज़र न आया। बिल आख़िर ग़ालिबन (सम्भवतः) इसी शराब की ज़्यादती ने जवानी में उनकी जान ली।

एक बार भोपाल के दो भाई दोनों गा कर माँगने खाने वाले मुसलमान फ़क़ीर मुझे मिल गए। मैंने उन्हें देहली बुलवाकर अपने साथ बेर सराय में रखा। वहीं रिहर्सल होते थे। वहीं रिहर्सल करवाया। और इसी तरह 'आगरा बाज़ार' के शो कुछ दिनों हम उनके साथ पेश करते रहे। आगे चलकर देखा कि जो उनमें से एक को कभी खाँसी की शिकायत थी, वह दवा-दारू के बावजूद किसी तरह कम नहीं हो रही थी। मुआयना करवाया तो मालूम हुआ, तपेदिक है। अब रिहर्सल छोड़ उनके इलाज-मुआलजे में लग गए। शो के बाद दवाएँ उनके साथ देकर उन्हें भोपाल वापस भिजवा दिया फिर जब 1996 में हम भोपाल आ गए

और उन्हें पता चला तो मिलने के लिए आए और कहते रहे कि हम खुदा के फ़ज़ल से बिल्कुल अच्छे हैं। हमें फिर ड्रामे में काम करने का मौक़ा दीजिए। लेकिन उस ज़माने में मुझे 'आगरा-बाज़ार' दुहराने की फुर्सत न थी और इस ड्रामे के अलावा और किसी ड्रामे में मेरी नज़र में उनकी कोई जगह नहीं थी। ग़र्ज़ या तो मुझे ऐसे कलाकार मिलते रहे जो शहरी थे और मुलाज़िमतपेशा था और कुछ मुलाज़िमत, कुछ अपनी-अपनी घरेलू मजबूरियों की वजह से थिएटर में मुस्तक़िलमिज़ाजी (दृढ़तापूर्वक) से काम नहीं कर सकते थे और या फिर ऐसे नादार (दरिद्र) आर्टिस्ट मिले जो चाहते थे कि हमेशा मेरे साथ लटके रहें, लेकिन जिनकी ज़रूरत थिएटर में इतनी महदूद (सीमित) थी कि बस एक नाटक के अलावा मैं उन्हें किसी और पेशकश (प्रस्तुति) में इस्तेमाल नहीं कर सकता था।

'आगरा बाज़ार' में एक बार फ़क़ीर के पार्ट में भटिंडा के मशहूर गवैया ख़लीली अपने साथी देसराज के साथ स्टेज पर उतरे थे और बहुत दिनों तक जहाँ-जहाँ शो हुए दोनों आते रहे। उन्होंने फ़क़ीरों के गानों को बहुत ख़ूबसूरती से पेश किया। ख़लीली भी शराब की ज़्यादती होकर मर गए। उसके बाद जब एक बार फिर 'आगरा बाज़ार' तैयार करने की नौबत आई तो रामदयाल शर्मा और उनके बेटे देवेन्द्र मिल गए। यह अच्छे गवैये भी थे। और नौटंकी में एक्टर की हैसियत से पार्ट भी किया करते थे। वैसे नौकरी बालभवन में करते थे। नौकरी भी संगीत से मुतल्लिक थी। बच्चों को संगीत की तालीम देते थे। उन्होंने भी बहुत से शो आगरा बाज़ार के बखूबी निभाए। और अब जो 2004 में फ़रमाइश की बिना पर यह ड्रामा फिर से तैयार किया जा रहा है तो रामदयाल फिर एक बार शिरकत करने वाले हैं। देवेन्द्र तो इन दिनों अमेरिका में तालीम हासिल कर रहा है। उसकी जगह पर मैं दूसरा आर्टिस्ट ढूँढ़ रहा हूँ जो दूसरे फ़क़ीर का पार्ट शर्माजी के साथ कर सके।

कथानक की तीन कड़ियाँ

1954 के बाद जब-जब यह ड्रामा पेश किया जाता रहा है, उसमें किरदारों और प्लॉट की तब्दीली मुसलसल आती रही है। पहली बार जब 1954 में आज़ाद किताबघर ने उसे छापा था तो ड्रामा वही पचास मिनट का था जो जामिया में पेश किया गया था। उस वक़्त प्लॉट बस ककड़ीवाले पर मरकूज़ (केन्द्रित) था। जो अपनी ककड़ी बेच नहीं पाता। और जब नज़ीर उसकी ककड़ियों पर एक

नज़्म लिख देते हैं और वह उस नज़्म को गा-गाकर ककड़ियाँ बेचने लगता है तो माल बिकने लगता है। बदलते-बदलते नाटक में एक प्लॉट और समा गया जो एक तवायफ़ और पुलिस के एक दरोग़ा से वाबिस्ता है। चुनांचः ये दो किरदार अपने साथ तीन और किरदारों को खींच लाए यानी दो सिपाही और शोहदा! इसके बरअक्स घोड़ों के ताजिर मंजूर हुसैन का किरदार अपनी जगह क़ायम तो रहा लेकिन उस किरदार के सारे मुकालमे काट दिए गए। इस तरह यह ख़ामोश किरदार जो लुटलुटाकर अपने दिमाग़ का तवाज़ुन (सन्तुलन) खो बैठता है और उसी तवायफ़ पर दिलोजान से फ़िदा है, कुछ और ज़्यादा मो'सर (प्रभावी) हो गया। अलबत्ता उसके लिए एक नए किरदार बेनीप्रसाद से मदद जरूर लेनी पड़ी। दो करेक्टर और बढ़ा दिए गए। करीमन और चमेली दो हिजड़े जो कुम्हार के यहाँ बच्चे की विलादत के मौक़े पर ज़च्चागिरी गाने के बहाने नज़ीर की नज़्म 'कन्हैया' सुनाते हैं : ऐसा था 'बासुँरी के बजय्या का बालपन'। और उसी बहाने हिजड़ों के करेक्टर की मुनासिबत से उनके लिए कुछ मुकालमों का इजाफ़ा कर दिया गया। जिससे सीन शायद और दिलचस्प हो गया।

प्लॉट की तीसरी कड़ी किताब की दुकान से मुतल्लिक है। किताबों की इशायत (प्रकाशन), तबाएत (मुद्रण) और ज़बान के सिलसिले में जो तब्दीलियाँ उन्नीसवीं सदी में बड़े ज़ोरो-शोर से हो रही थीं और उसका इक़्तिसादी (आर्थिक) असर जो शायरों तथा उर्दू फ़ारसी के साहित्यकारों के रोज़मर्रा के कारोबार पर पड़ रहा था उस क़िस्से को गंगा प्रसाद का नया किरदार पूरा कर देता है। बाज़ार की यही सब गहमागहमी और उतार-चढ़ाव है। जिसके ज़ेरे-साया (प्रभाव में) नज़ीर भी कारफ़र्मा थे। उनकी शायरी, उनकी ज़िन्दगी, उनके रोज़ी-रोटी का वसीला यानी टीचरी ये सब उसी माहौल से वाबिस्ता थे। उनकी नज़्में उसी बाज़ार का आईनादार थीं। ड्रामे में बाज़ार के उन तमाम पहलुओं की तस्वीरकशी के मक़सूद और कुछ नहीं। दरअसल नज़ीर के कलाम की पूरी तरह अक्कासी करना ही था।

नज़्मों का इंतेख़ाब!

नज़र सानी करते समय नज़्मों के इंतेख़ाब में जो फ़र्क़ आया और कुछ नज़्मों की जगह भी बदल दी गई, इसका ताल्लुक़ बस नाटक के तक़ाज़ों और ड्रामाइयत की बुनियादी ज़रूरत से है। नज़ीर का कलाम तो अच्छी नज़्मों से भरा पड़ा है। उनका इंतेख़ाब महज़ शायरी के नुक़्ता-ए-नज़र काव्यतत्व की दृष्टि से किया जाए

तो वो मुख़तलिफ़ होगा, इसे ड्रामे की ज़रूरियात के मुताबिक़ और स्टेज पर पेश करने में वक़्त की सीमा का लिहाज रखते हुए चुनने का नतीजा कुछ और है। यह देखना भी लाज़िमी था कि नज़ीर की सबसे अधिक मायनेख़ेज़ (अर्थवान) नज़्में नाटक के दायरे से बाहर न रह जाएँ। चुनाँचः 'बंजारानामा' जो 1954 की प्रस्तुति में शामिल नहीं थी, नज़रसानी में उसे शामिल कर लिया गया। पहले एक्ट की इब्तिदा 'शहर आशोब' से पहले भी होती थी सो अब भी है कि इस नज़्म से नाटक के मौज़ू यानी बेराज़गारी का ताल्लुक है।

दूसरे अंक क़ी इब्तिदा नज़्म 'अकबराबाद' की जगह 'बंजारानामा' से बदल दी गई कि इसका ताल्लुक़ इंसान की फ़ानी (नश्वर) दोरोज़ा ज़िंदगी से है और मौत के कारोबार पर यह एक ऐसी शाहकार नज़्म है कि इस मौज़ू पर दुनिया के अदब (साहित्य) में इसकी मिसाल नहीं मिलती। नाटक का इख़्तेताम (अन्त) पहले भी 'आदमीनामा' से होता था सो अब भी है कि नज़ीर के सारे कलाम में से अगर एक पैग़ाम साफ़ उभर कर आता है तो वो शायर की इंसानियतदोस्ती, मुहब्बत और सद्भावना की हमागीरी ही तो है। नज़ीर की यह शाहकार नज़्म इस मौज़ू की बेहतरीन नुमाइंदगी करती है। बाद के प्रोडक्शनों में नज़्मों की तरतीब भी बदल दी गयी थी।

1954 में सबसे बड़ी खराबी यह थी कि ककड़ी, तरबूज़ और लड्डू पर तीन नज़्मों के बाद बर्तन, पतंग, रीछ का बच्चा और होली की नज़्में पेश की गई थीं और अख़ीर में 'आदमीनामा'। जबकि नाटक का तक़ाज़ा था कि उन तीन नज़्मों के बाद सिवा 'आदमीनामा' के और कोई नज़्म बीच में न आए। ड्रामा तरह-तरह की चीज़ें बेचनेवालों की बेरोजगारी से शुरू होता है। ककड़ी बेचने वाले को ख़्याल आता है कि यदि वह गा-गा कर ककड़ियाँ बेचे तो उसकी ककड़ियाँ बिकने लगेंगी। बस इस एक ख़्याल को लेकर वह हर उस शख़्स के पीछे घूमने लगता है जिससे उसे ज़रा भी उम्मीद होती है कि शायद वह उसकी ककड़ियों पर छोटी-मोटी एकाध नज़्म लिख देगा। बार-बार मायूस हो ज़ाने के बाद बिल आखिर जब उसे नज़ीर के बारे में मालूम होता है तो वह लपककर उनके पास पहुँच जाता है और उनसे ककड़ी पर एक नज़्म लिखवा, उसे गा-गाकर ककड़ियाँ बेचना शुरू कर देता है और उसकी ककड़ियाँ दनादन बिकने लगती हैं। उसे देखकर तरबूज़ और लड्डूवाले भी वही करते हैं। अभी ककड़ीवाला अपनी नज़्म ख़त्म भी नहीं कर पाता कि पहले तरबूज़वाला और उसके बाद लड्डूवाला पहुँच जाता

है, और ये दोनों भी अपनी-अपनी नज़्में गाने और अपनी चीज़ें धड़ाधड़ बेचने में लग जाते हैं। अब अगर यह निहायत मामूली और सीधी-सादी नाजुक-सी कहानी पूरे नाटक का आधार है तो इस कहानी को यहीं ख़त्म हो जाना चाहिए। नाटक के इन लवाज़मात (तत्त्वों) की कमी के बावजूद अगर 'आगरा बाज़ार' 1954 में भी कामयाब था तो इसका सेहरा नज़ीर के सर है। उसके कलाम में ऐसा जादू है कि अगर कोई सिर्फ़ उसकी नज़्में स्टेज पर पेश कर दे तो, मुझे यक़ीन है कि ऐसी पेशकश भी दर्शकों के लिए क़ाबिल-ए-क़ुबूल होगी।

1954 में तवायफ़ दारोग़ा और दारोग़ा के रक़ीब (प्रतिद्वंद्वी) का मुसल्लस (त्रिकोण) नहीं था। और जैसा कि मैं पहले बता चुका हूँ इसकी भी छोटी-सी कहानी है जो नज़रसानी करते वक़्त कथानक में डाल दी गई थी। इसे नुक़्ता-ए-उरूज (चरमबिंदु) तक पहुँचाना लाज़िमी था। इस मसले का हल निकालने में एक और मुअम्मे (पहेली) का हल भी निकल आया। तो दूसरी पहेली संगीत के जमालियाती (सौंदर्य-संबंधी) और सौतियाती असर से वाबिस्ता था। चीज़ें बेचने वालों के तीन गानों को तो मैंने एक सूत्र से बाँध दिया था। तीनों गाने एक के बाद एक लगातार गाए जाते हैं। धुन तीनों की अलग-अलग है। धुनों के फ़र्क़ को गवारा बनाने के लिए ज़रूरत थी एक म्यूज़िकल पुल की, जो मैंने आर्केस्ट्रा के म्यूज़िक की तरह एक छत्तीसगढ़ी लोकगीत को बीच-बीच में डालकर बना दिया था। लेकिन उसके फ़ौरन बाद 'आदमीनामा' अपनी एक अलग धुन लिए हुए आता है और इस नज़्म के बग़ैर ड्रामा ख़त्म करना नामुमकिन था। चुनाँचः मैंने जो एक सीन दारोग़ा की कहानी की तकमील (समग्रता) तक पहुँचाने के लिए लिखा था, जिसमें शोहदे के मुक़ाबले में दारोग़ा का पल्ला भारी निकलता है और झूठ, दग़ा, ओहदे की ताकत और जब्रकी (अत्याचार) की बिना पर दारोग़ा विजय की मंज़िल पर और शोहदा पराजय की खाई में नज़र आता है। इस मुख़्तसर (संक्षिप्त) सीन को मैंने फेरीवालों की तीन नज़्मों के बाद जगह दी, जिससे मेरे म्यूज़िकल प्रॉब्लम का हल भी निकल आया। इस तीसरी कहानी की तकमील भी हो गई। और साथ-साथ 'आदनामी' के मौज़ू में कुछ और गहराई भी आ गई। वो इस तरह कि मंज़ूर हुसैन की तवायफ़ से ख़ामोश और बेलौस (निःस्वार्थ) मुहब्बत भी दारोग़ा बर्दाश्त नहीं कर सकता और बदतमीज़ी से उसे भगाकर क़हक़हा लगा रहा होता है कि इतने में फ़क़ीर नाटक की आखिरी नज़्म गाते हुए दाखिल होते हैं और सारी कास्ट उस नज़्म में शामिल हो जाती है, जिसका आख़िरी शेर है :

अच्छा भी आदमी ही कहाता है ऐ नज़ीर
और सब में जो बुरा है सो वो भी है आदमी

गानों की तर्ज़ें!

गानों की धुनें वही थीं, जो मैं बचपन से फ़क़ीरों और बाज़ारों में सुनता रहा था या अपनी नज़्मों, ग़ज़लों के लिए बनाता और मुशायरों में गाता रहा था। सिर्फ़ एक 'बंजारानामा' की बहुत ही प्यारी धुन भटिंडा के ख़लीली ने बनाई थी। जब एक बार हम नाटक लेकर आगरे गए तो मेरे इप्टा के पुराने साथी राजेन्द्र रघुवंशी भी देखने आए। उन्हें गानों की धुनें पसन्द न आईं। खासतौर पर होली की धुन। उन्होंने कहा कि आगरा मथुरा में होली गाने का ढंग कुछ और है। नज़ीर आगरे के थे, तुम्हारा नाटक आगरा के बारे में है। गानों की तर्जें भी आगरे की होनी चाहिए। राजेन्द्र रघुवंशी मेरे बुजुर्ग, सन् 1942-43 से इप्टा में काम करते रहे और अख़ीर दम तक अपनी सरगर्मी बरकरार रखी। इप्टा टूट गया। 1957 बल्कि उससे भी पहले से बरसों तक हिन्दुस्तान में कहीं भी इप्टा की आवाज़ सुनाई नहीं देती थी। लेकिन इप्टा की आगरे की शाखा ने दम नहीं तोड़ा। राजेन्द्र रघुवंशी उसे चलाते रहे और जब 'इप्टा' इधर-उधर के शहरों में किसी और नाम से या खुद अपने नाम से फिर जागा तो नाटक वही करता रहा जो दीगर (अन्य) नाटक मण्डलियाँ कर रही थीं। यानी मोटे तौर पर तरक़्क़ीपसंद (प्रगतिशील) नाटक, सियासी पहलू लिए हुए वो नाटक नहीं–जो इप्टा पहले किया करता था। लेकिन राजेन्द्र जी ने अपना ढर्रा न बदला। वह उसी ढंग के इंक़लाबी नाटक लगातार करते रहे। और अब आगरा इप्टा की बागडोर उनके बेटे के हाथ में है। अब ऐसे क़ाबिल-ए-एहतराम (श्रद्धेय) आदमी से मैं क्योंकर कहता कि जहाँ तक ठेठपन का ताल्लुक़ है वो तो मेरे संवाद में भी नहीं है। आगरा का अपना मख़सूस मुहावरा है, जो मैं नहीं जानता तथा जिसे जानने की मैंने जरूरत भी महसूस न की। मैंने तो आगरा बाज़ार और ग़ालिब के नाटक 'मेरे बाद', 'मैं देहली की ज़बान', और 'शतरंज के मोहरे' में लखनऊ की ज़बान लिखी है। 'देहली की ज़बान' के लिए ख़्वाजा हसन निग़ामी और मिर्ज़ा फ़रहतउल्लाह बेग का और लखनऊ की ज़बान के लिए पण्डित रतननाथ 'सरशार' का मिरहने मिन्नत (कृतज्ञ) हूँ। दिल्ली की आवाज़ में मैंने फेरीवालों की ज़बान मुतय्यन (निर्धारित) की है। आगरा का कोई मुस्तनद उस्ताद नस्र का मुझे नहीं मिला। मैं ख़ामोश रहा। बस इतना कहा, ज़रा

आगरे की होली सुनवाइए। उन्होंने सुनवाई। धुनें बेहद खूबसूरत थीं। मैंने कहा, मैं इन धुनों का इस्तेमाल करना चाहूँगा। कहा, मैं कैसेट भिजवा दूँगा। उन्होंने कैसेट भिजवा दिया। मैंने उनमें से दो धुनें चुन लीं। अपनी बुनियादी धुन वही रखी जो थी, नज़ीर की बहर (मात्रा लय) में उन तर्जों को फिट करना ज़रा मुश्किल था। बस साथ-साथ उन दो धुनों को भी उनके रिवायती गाने के साथ शब्दों को आगे-पीछे कर इस्तेमाल कर लिया।

पुराने संस्करणों की ख़ामियाँ

मैंने जो भी नज़्में 'आगरा बाज़ार' में इस्तेमाल की थीं प्रोडक्शन के लिए वक़्त के लिहाज़ से हर नज़्म में से कुछ बन्द अपने मतलब के लिए चुन लिए थे। लेकिन नाटक छपाते वक़्त चन्द नज़्मों को छोड़ बाकी सब नज़्में पूरी की पूरी यानी छह, सात, आठ, नौ और दस-दस बन्द की नज़्में जैसी की वैसी छपा दी थीं। महज किताब की ज़ख़ामत (मोटाई) बढ़ाने के लिए नहीं बल्कि इसलिए भी कि जब दूसरा कोई हिदायतकार नाटक स्टेज के लिए उठाए तो कुल्लियात (समग्र-काव्य) देखने के बजाय 'आगरा बाज़ार' की किताब में से नज़्में भी छाँट ले तथा ज़रूरत के मुताबिक़ अपनी पसन्द के बंद भी खुद चुन ले। जब तक बाद के एडिशन छपे, प्लॉट की तरमीम (परिवर्तन) मुकम्मल हो चुका था। और नज़्मों की तरतीब भी बदल चुकी थी। 1970 में और 1970 से भी पहले जब-जब प्रोडक्शन की तज़दीद हुई, ड्रामे में बनाए हुए किरदार भी आ गए थे और नज़्मों की तरतीब भी बदल दी गयी थी। इसके बावजूद हिन्दी के पहले संस्करण में गल्तियाँ रह गई थीं। मेरे दोस्त मनीष सक्सेना जो उर्दू-हिन्दी दोनों ज़बानों और लिपियों से अच्छी तरह परिचित थे। पढ़े-लिखे थे। अदब और शायर का सुथरा मज़ाक़ रखते थे। बहुत अच्छे जर्नलिस्ट भी थे। और उर्दू हिन्दी नस्र में साहबे-तर्ज़ (गद्यकार) भी। उन्होंने बड़ी जानकारी से हिन्दी एडिशन छपवाने में राधाकृष्ण प्रकाशन के हमारे बहुत ही प्यारे दोस्त ओमप्रकाश की और मेरी मदद की। मेरे पास प्रूफ़ देखने का भी वक़्त न था। यह काम भी मनीष को सौंप दिया था। उन्होंने 'कुल्लियात' देख-देखकर तथा मुझसे पूछ नज़्मों में लफ़्ज़ी ग़ल्तियों को तो सुधार दिया। लेकिन नज़्मों की तरतीब फिर भी गलत रही। और पात्र-परिचय भी नामुकम्मल! और जब राधाकृष्ण का दूसरा संस्करण 1992 में छपा तो सारी गल्तियाँ वैसी की वैसी रह गईं। 1998 में मुहम्मद हसन ने अपनी किताब, 'उर्दू

ड्रामे का इन्तख़ाब' में 'आगरा बाज़ार' भी शामिल किया लेकिन उन्होंने आज़ाद किताबघर का 1954 वाला एडिशन जैसा का वैसा दुहरा दिया। अब पहली बार कुछ जरा तुंदही से जो मैं अपने ड्रामे छपवाने जा रहा हूँ, तो मसौदे से लेकर आखिरी प्रूफ़ तक जहाँ तक मुमकिन है हर छोटी से छोटी चीज़ का ख़्याल रखते हुए। चुनाँचः 'आगरा बाज़ार' का अब यह जो 2004 का प्रकाशन हिन्दी-उर्दू दोनों ज़बानों में होने जा रहा है। इसमें नज़्में इतनी ही हैं जितनी स्टेज पर इस्तेमाल होती हैं। हर नज़्म के उतने ही बंद हैं, जो शो के तजदीद में आइन्दा नवंबर में गाए जाएँगे। नज़्मों की तरतीब भी सही है। पात्र-परिचय भी पूरा है। और पिछला पात्र-परिचय भी दिया जा रहा है और नज़्मों की फेहरिस्त भी, ताकि पढ़ने वालों को तब्दीली का अंदाज़ा हो सके।

नज़ीर उर्दू का या हिंदी का शायर है?

नज़ीर के कलाम को उर्दू का कहिएगा या हिन्दी का? है तो वह उर्दू का ही शायर और उर्दू में हिंदी अल्फ़ाज़ का इम्तेज़ाज (योग) हमेशा रहा है। उसी तरह, जिस तरह हिन्दी ज़बान में उर्दू के अल्फ़ाज़ मुहावरे हमेशा से अच्छी-खासी संख्या में पाए जाते रहे हैं। अब इधर जब से हिन्दी को राष्ट्रीय भाषा बना दिया गया है और उर्दू जबान का गला घोंट दिया गया है, उससे उर्दू का नुक़सान तो हुआ ही, हिन्दी का भी बहुत नुक़सान हुआ। इसलिए कि बोलचाल की हिन्दुस्तानी भाषा में जो मुहावरे दोनों ज़बानों में मुशतरिक (समान) थे, वो या तो हिन्दी में से सिरे से निकाल दिए गए हैं या उनका लफ़्ज़ी तर्जुमा (शाब्दिक अनुवाद) कर दिया गया है। मैं मामूली लफ़्ज़ों की बात कर रहा हूँ, मसलन 'न सिर्फ़' की जगह 'न केवल', जो कम से कम मेरे कानों को बुरा लगता है। सिर्फ़ यही नहीं, हिंदी बोलने और लिखनेवालों ने यह भी किया है कि अपनी पसंद के उर्दू अल्फ़ाज़ को चुन रखा है और इनका मतलब समझे बग़ैर उनका इस्तेमाल कुछ इस तरह करते हैं कि सुनकर तबीयत मुक़द्दर (खराब) हो जाती है। मसलन 'ख़िलाफ़त'! लफ़्ज़ 'खिलाफ़त' को 'विरोध' की जगह जो हिंदी का एक खूबसूरत शब्द है आमतौर पर अच्छे-खासे पढ़े-लिखे लोग भी इस्तेमाल करने लगे हैं, जबकि 'खिलाफ़त' का ताल्लुक़ 'ख़लीफ़ा' से और उस तहरीक (आन्दोलन) से है, जो तुर्की के ख़लीफ़ा के नाते उस ख़िलाफ़त तहरीक से है, जिसके अली बंधु—मौलाना मोहम्मद अली, शौकत अली—बानी थे। उर्दू में 'विरोध' के लिए लफ़्ज़ 'मुख़ालफ़त' है। अब

अगर यह शब्द गिराँ या दुश्वारतलब महसूस होता है या इस लफ़्ज़ की बनावट में फ़ारसी क़ायदा (व्याकरण) शामिल नज़र आता है, जो है और आपको उसकी आवाज़ पसंद नहीं, तो छोड़िए इस लफ़्ज़ का पीछा और हिन्दी के बामायना (अर्थपूर्ण) और सुंदर शब्द 'विरोध' पर संतोष कीजिए। क्या ज़रूरत है कि अपनी नादानी को ज़बान पर थोपें। मैंने अपने क़रीब के दो-चार दोस्तों से कहा कि आप लफ़्ज़ 'ख़िलाफ़त' का इस्तेमाल ग़लत करते हैं। अब देखिए उनकी यह बुरी आदत छूटती है या नहीं। वैसे एक बार जब कोई ग़लत लफ़्ज़ ज़बान पर चढ़ जाता है तो इससे निजात पाना ज़रा मुश्किल होता है। कुछ यही हाल उर्दूवालों का है। जहाँ अच्छे-खासे हल्के-फुल्के हिंदी के अल्फ़ाज़ रोजमर्रा में शामिल थे, उनकी जगह शासकीय हिन्दी की ज्यादतियों की प्रतिक्रिया में मोटे-मोटे फ़ारसी आमेज़ अल्फ़ाज़ इस्तेमाल होने लगे हैं। इसका नतीजा यह देखने में आ रहा है कि बोलचाल की ज़बान और तहरीरी यानी लिखित भाषा, इन दोनों में फ़ासला पैदा होता जा रहा है। दुनिया के दूसरे मुल्कों में बोलने और लिखने की ज़बान के बीच वह ख़लीज (खाई) नज़र नहीं आती, जो हमारे यहाँ बन चली है। और ग़ज़ब यह है कि लिखने की ज़बान बोलचाल की ज़बान बनती जा रही है जिसका नई पीढ़ी पर बहुत बुरा असर पड़ रहा है। और जहाँ तक नई पीढ़ी का ताल्लुक है वो तो टी.वी. की हिन्दी से इतने प्रभावित हैं कि उनकी बातचीत सुनकर कानों पर हाथ रख लेने को जी चाहता है। मसलन जब आप टेलीफोन पर रिकार्ड की हुई किसी नौजवान लड़की की आवाज़ में यह सुनते हैं कि "आपकी कॉल इन्तज़ार पर है" तो टेलीफोन पटख देने को जी चाहता है। यह अंग्रेजी ज़बान का वो असर है जिसके मातेहत (अंतर्गत) अंग्रेजी के मुहावरे हिन्दी अनुवाद में सुने जाने लगे हैं। मुंशी प्रेमचंद ने जो उर्दू-हिन्दी के महान लेखक हैं, जब आखिरी उम्र में अपनी कहानियों का अनुवाद हिन्दी में करना शुरू किया तो वो शायद इतना बुरा न होता, अगर उनकी कहानियाँ उर्दू में उपलब्ध होना बंद न हो जातीं। इसमें 'शतरंज के खिलाड़ी' भी है। जिसमें लखनऊ की नवाबी ज़िंदगी के इन्हेतात (अवनति) की तस्वीर जो प्रेमचंद ने कभी लखनऊ में उर्दू में पेश की थी उसकी फ़िज़ा ही कुछ और है। इस कहानी के आधार पर मैंने अपना उर्दू का नाटक 'शतरंज के मोहरे' लिखा था। अभी हाल में मुंबई में मैंने नसीरउद्दीन शाह का तैयार किया हुआ नाटक 'शतरंज के खिलाड़ी' देखा, उसमें रावी (सूत्रधार) ठेठ हिन्दी में कहानी सुनाता जाता है और किरदार खालिस लखनवी उर्दू में संवाद

बोलते रहते हैं। उन दो जबानों की टक्कर से कहानी की सारी फ़िज़ा ऐसी बिखरती है कि कहानी का मज़ा खराब हो जाता है। मैंने नसीर से पूछा, "इस कहानी को हिंदी में क्यों पेश किया," तो कहने लगे, "उर्दू में यह कहानी कहाँ मिलती है।" अगर आप पंडित रतननाथ 'सरशार' की दास्तान 'फ़साना-ए-आज़ाद' का ठेठ हिन्दी में अनुवाद करके देख लीजिए। कहानी या कहानियों का सारा लुत्फ़ ऐसा रफूचक्कर होगा कि आप यही न समझ पाएँगे कि इस किस्से में आख़िर ऐसी क्या बात है कि यह छाप दिया गया। और वैसे 'फ़साना-ए-आज़ाद' अपनी जगह एक मास्टरपीस है, जिसकी ज़बान से खुद प्रेमचंद ने अपनी कहानी 'शतरंज के खिलाड़ी' के मुकालमों में पूरा फ़ायदा उठाया है। ग़ालिब और मीर हिंदी में छपे। बहुत अच्छा हुआ। क्या आप मीर और ग़ालिब के कलाम का हिन्दी अनुवाद पेश करना चाहेंगे। 'दिले नादाँ तुझे हुआ क्या है?' 'दिलेनादाँ' के लिए 'अरे मूर्ख दिल' कहना पड़ेगा। बहर की ऐसी-तैसी हुआ करे। बहरहाल जहाँ तक नज़ीर का ताल्लुक है, उसे हिन्दी का शायर कहना भी शायद बेजा न होगा। 'महादेव के ब्याह' जैसी नज़्मों से क़ता-नज़र जो मौज़ू के एतबार से हिन्दी ही में हैं :

पहले नाँव गनेस का लीजिए सीस नवाए
जाए कारज सिद्ध हो सदा महुरत लाए।

उर्दू की ऐसी नज़्म ही को दीजिए जो इस शे'र से शुरू होती है :

खूँरेज़ करिश्मा-नाज़ो सितम ग़मज़दों की झुकावट वैसी है।

उसमें जो-जो अल्फ़ाज़ क़ाफ़िये के लिए इस्तेमाल किए हैं, मसलन, 'लगावट', 'खिलावट', 'लड़ावट', 'खिंचावट', 'चिढ़ावट', 'छपावट, 'मिलावट', 'दुखावट' ये सीधा-सादा तरीक़ा फ़ेल (क्रिया) से इस्म (संज्ञा) बनाने का अब कौन से उर्दू या हिन्दी लिखने वाले को याद है? ऐसे सहज शब्द कितने लोग इस्तेमाल कर रहे हैं?

उर्दू नज़्म का बाबा आदम!

नज़ीर के कलाम की सिफ़ात (विशिष्टता) क्या बयान कीजिए और किस तरह बयान कीजिए?

हिन्दुस्तान के फूल-पौधों, परिंदों, जानवरों का ज़िक्र या आपको संस्कृत साहित्य में मिलेगा या फिर नज़ीर के कलाम में। उर्दू के उस्तादों के यहाँ न कहीं चंपा, चमेली, गुलाब, बेला मिलेगा, न बया, कबूतर, तोता, मैना, न भालू, बंदर

गिलहरी। अलबत्ता ईरान का माहौल जरूर मिल जाएगा। शमशाद, सनोबर, अंदलीव, नसरीन व नस्तरन वग़ैरह। जिनका न दोआबे में नामोनिशान है, न हिन्दुस्तान में कहीं। और हाँ, बस सिवाय कश्मीर के। मैंने 'पतंगफ़रोश' के मुकालमे में बीसियों पतंगों के नाम दर्ज किए हैं, वो सब मुझे कहाँ से मिले? मैंने पतंगवालों से पूछा, उनमें से आधे से ज्यादा नाम ऐसे थे जो उन्होंने नहीं सुने थे, लेकिन नज़ीर की 'पतंगबाज़ी' और 'पतंग' नज़्में पढ़िए। सारे नाम वहाँ मिल जाएँगे। जिनमें से सिर्फ़ चंद नामों की पतंगें अब तक बन रही हैं। बाक़ी मफ़क़ूद (ग़ायब)।

हिंदुस्तान में रंगारंग के त्योहार मनाए जाते हैं। उर्दू शायरों ने कभी इस तरफ़ तवज्जो नहीं दी। सिवाय नज़ीर के। मौसमों की खुसूसियात सिवा नज़ीर के या संस्कृत महाकाव्य लिखने वालों के, किस उर्दू शायर के यहाँ मिलेगी? गद्य में अलबत्ता फ़रहत उल्लाह बेग के यहाँ मौसमों की सराहना है। लेकिन नज़्म में? और नज़्में जो उन विषयों पर नज़ीर ने लिख दी हैं उनमें हरेक मुनफ़रिद (विशिष्ट) हर नज़्म मारकतुल-आरा और बुज़्लासंजी (विनोद) से भरभूर! क़ाफ़िये हर मिस्रे (पंक्ति) के चुस्त। हर शेर गठा हुआ। क्या ग़ज़ल, क्या नआत (पैगंबर मुहम्मद की प्रशंसा में कविता) क्या मुसद्दस, क़ता, गीत, भजन। शे'र की हर विधा में नज़ीर ने तब'-आज़माई (अभ्यास) की है, सिवाय क़सीदे के।

मज़हबों में मुसलमान, हिंदू, सिख, धर्म की चीज़ें अक़ीदत से भरी हुई बाबा नानक शाह गुरु हों या 'बलदेव जी का मेला' हो या 'महादेव का बयाह' या 'कृष्ण कन्हैया का बालपन' हर नज़्म अक़ीदत से भरी हुई। हर शे'र बेसाख़्ता मगर सादा और पुरकार :

एक रोज़ मुँह में कान्हा ने माखन झुका दिया
पूछा जसोदा ने तो वहीं, मुँह बना दिया
मुँह खोल तीन लोक का आलम दिखा दिया
एक आन में दिखा दिया फिर भुला दिया
ऐसा था बाँसुरी के बजय्या का बालपन
क्या-क्या कहूँ मैं कृष्ण कन्हैया का बालपन

नज़ीर से पहले उर्दू में ग़ज़ल, क़ता, हजो, क़सीदा, मुसल्लस, मुख़म्मस, मुसद्दस और मसनवी, नआत, मर्सिया यह सब विधाएँ तो मौजूद थीं लेकिन जिसे नज़्म कहें, वैसी कोई चीज़ नहीं थी। इस लिहाज़ से नज़ीर उर्दू नज़्म के बाबा आदम हैं। यानी वो विधा जिसे बाद में इक़बाल, जोश, और उनके बाद उर्दू के

नई नस्ल के शायरों ने निखारा। जहाँ तक मज़ामीन का ताल्लुक़ है ऐसे-ऐसे विषय नज़ीर ने अपनी नज़्मों में क़लमबंद किए हैं कि जिनकी तरफ़ कभी किसी शायर की नज़र भी न गई। न नज़ीर से पहले न नज़ीर के बाद। और अगर नज़र जाती है तो नज़ीर की नज़्मों के मौज़ुआत पर कलम उठाना आसान भी न था। नज़ीर के यहाँ शे'र का दरियाव था, जो बेसाख़्ता बहे जा रहा था। बर्ना ककड़ी, बर्तन, तरबूज़, लड्डू जैसे विषय पर इस कमाल की कल्पना कहाँ संभव थी। ककड़ी जो ज़रा टेढ़ी है, वह हीर की हरी चूड़ी जो सीधी है, वो राँझा की बाँसुरी और यह सारी तशबीहें (उपमाएँ) नज़्म के अंदर बेतकल्लुफ़ चली आ रही हैं। मसलन :

फ़रहाद की निगाहें, शीरीं की हँसलियाँ हैं
मजनूँ की सर्द आहें, लैला की उँगलियाँ हैं।

ये सारी तारीफ़ें सिर्फ़ आगरे की ककड़ी की हैं और उसमें ख़ास 'काफ़िर इस्कंदरे की ककड़ी'! क्या बेपनाह मुहब्बत थी नज़ीर को अपने वतन आगरे से। और किस कदर क़रीब था यह शायर आम आदमी की ज़िंदगी से कि जिसने पैसा, मुफ़लिसी, खुशामदीबाज़ी अकबराबाद, ज़रपेट के लिए रोटी जैसे विषय पर नज़्में लिखीं और बिल्कुल सहज अंदाज़ से लेकिन शे'र के तक़ाजों का लिहाज़ रखते हुए। शब्द जो नज़ीर ने अपनी नज़्मों में इस्तेमाल किए हैं। गिरे-पड़े गरीब अल्फ़ाज़ या उफ़तादा (परंपरागत) अल्फ़ाज़ ऐसे कि आम तौर से किसी शायर की कल्पना में भी नहीं आ सकते और न आज तक आए। भला सोचिए, गेहूँ, चावल, मोठ, मटर, शक्कर-मिस्री, कंदगरी, सांभर, डाक मुनक़्क़ा, सोंठ, मिर्च, केसर, लौंग सुपारी—क्या यह और ऐसे बहुतेरे अल्फ़ाज़ शायरी में इस्तेमाल करने के लायक़ नज़र आते हैं। मालूम होता है नज़्म नहीं पंसारी की दुकान है। लेकिन नज़ीर ने यही अल्फ़ाज़ अपनी आनी-जानी ज़िंदगी के मौज़ू पर अपनी शाहकार नज़्म 'बंजारानामा' में बाँधे हैं और इस खूबी से कि ऐसी किसाफ़ दुनिया के शेरी अदब (काव्य-साहित्य) में नहीं मिलेगी।

जब मृग फिराकर चाबुक को यह बैल बदन का हाँकेगा
कोई नाज समेटेगा तेरा कोई गौन सिए और टाँकेगा
हो ढेर अकेला जंगल में तो ख़ाक लेहद की फाँकेगा
इस जंगल में फिर आहनज़ीर इक भुनगा आन न झाँकेगा।
सब ठाठ पड़ा रह जाएगा जब लाद चलेगा बंजारा।

नई चीज़ें नज़ीर की शायरी में कितनी गिनवाऊँ। 'सरापा' ही को देखिए।

माशूक़ का सरापा तो आपको उर्दू शायरों के यहाँ बहुतेरा मिलेगा और एक से बढ़कर एक मिलेगा। नज़ीर ने अपना सरापा निहायत एखतेसार (अत्यंत संक्षिप्त) से छह अशआर में लिखा है। सादगी और इंकसार (शिष्टता) इस नज़्म की सबसे आला खूबियाँ हैं। इंकसार ऐसा नहीं जिसमें अपने तईं आदमी की जो गुमान होता है, उसे जानबूझकर दबाने और अपनी मुनकसिरूल मिज़ाजी को आत्महीनता के शऊरी तौर पर से उभारने की कोशिश छुपी होती है। यानी वो इंकसार जिसके बारे में अंजील में ईसा मसीह ने कहा है कि 'इंकसार' के घमंड से बचो। (Beware of the Proud of huminility) नज़ीर ने अपने सरापा में एक बेहतरीन पेंटर की तरह शब्दों में अपनी तस्वीर खींच दी है। नज़ीर की कोई पेंटिंग या फोटो नहीं मिलती। जो मिलती है वह कल्पना से बनाई गई है और कल्पना इसी नज़्म पर आधारित है। अच्छा पेंटर ब्रश के उस्तादाना हाथ की चंद जुंबिशों (हरकत) से कुछ इशारे, कुछ खुतूत-ए-बुनियादी ऐसे पेंट करता है कि बड़ी किफ़ायत से तस्वीर अपने मायने-मतलब समेत उभर आता है। ऐसी तस्वीर जो तफ़सीलात में उलझ जाने से ओझल हो जाता। किफ़ायत ही तस्वीर की जान होती है। जैसे वान गॉग (Van Gaugh) की। अपनी खुद की तस्वीर (Self Portrait)! नज़ीर का सरापा ऐसी ही तस्वीर पेश करता है जिसका पहला मिस्रा है :

'कहते हैं जिसको नज़ीर सुनिए टुक उसका बयान'

और आख़िरी शेर है :

फ़ज़्ल ने अल्लाह के उसको दिया उम्र-भर
इज़्ज़तो-हुरमत के साथ पारचा-व-आबो-नान।

पात्र

स्टेज और सेटिंग	:	अबुल क़लाम
वेशभूषा और नज़्म संकलन	:	अब्दुल रहमान
मेकअप	:	अख़्तर हसन फ़ारूक़ी, जमील
	:	अख़्तर एम.एस.
प्राम्प्टिग	:	अजहर परवेज, मसूद-उल-हक
परदा	:	सज्जाद अली, हबीब अहमद
निर्देशन	:	**हबीब तनवीर**

जब ये ड्रामा ओखला में खेला गया तो लगभग 75 आदमी एक साथ मंच पर आये थे। अगर ये सहूलतें न हों तो 20 आदमी भी इस ड्रामे को खेल सकते हैं, इसकी फ़िज़ा पर इस चीज़ का कोई ख़ास असर न होगा।

स्थान : आगरा के किनारी बाज़ार का एक चौराहा

काल : 1810 के आसपास

समय : एक दिन

खेल की अवधि : लगभग दो घंटे

सब किताबों के खुल गए मा'नी
जब से देखी *नज़ीर* दिल की किताब

'बाज़ार' के लोग

14 मार्च, 1954 को 'आगरा बाज़ार' के पहले मंचन के अभिनेता

पहला फ़क़ीर	अशफ़ाक़ मुहम्मद ख़ाँ
दूसरा फ़क़ीर	इश्तियाक़ मुहम्मद ख़ाँ
ककड़ीवाला	अब्दुल सत्तार सिद्दीक़ी
तरबूज़वाला	असगर अहसन इस्लाही
लड्डूवाला	नोमान लतीफ़
पतंगवाला	मुहम्मद इक़बाल
किताबवाला	ज़्या-उल-हसन फ़ारूक़ी
मदारी	राजकुमार
शायर	मुहम्मद ज़करिया अंसारी
हमजोली	वली शाहजहाँपुरी
तज़किरानवीस	रशीद नोमानी
पतंग का ग्राहक	रईस मिरज़ा
घोड़ों का सौदागर	सैयद हसन
रीछवाला	मोहरम अली
अजनबी	शकील अख़्तर फ़ारूक़ी
किताब का ग्राहक	जुनैद-उल-हक़
लड़का	लियाक़त अली ख़ाँ
एक लड़की	सादिया
बरफ़वाला	पंडित बरफ़वाला
दरज़ी	हाफ़िज मुहम्मद इसहाक़ टेलर मास्टर
पनवाड़ी	मुन्ने ख़ाँ पानवाला
बंदर	मोहम्मद नफ़ीस
रीछ	फ़ैयाज़ अहमद
	राहगीर, बच्चे, गानेवालो की टोली तथा मेलेवाले।

हबीब तनवीर पंतगवाले की भूमिका में

किताब वाला (विजय शुक्ला) बायी ओर गंगा प्रसाद (कमाल परवेज)

हमीद की भूमिका में (पुरुषोत्तम भट्ट), पंतगवाला (हबीब तनवीर)
अलोक मिश्रा (वेनीप्रसाद)

वामिक़ अव्वासी (हमजोली की भूमिका में),
यूसुफ हुसैन (तसमीरा नवीस), विजय शुक्ल (किताब वाले)

शाहिद (शोहदा की भूमिका में), वीना (वेनजीर की भूमिका में)

बायें से गोविन्दराम निर्मलकर (कबाड़ी वाला), दीपक तिवारी (लडडूवाल)
अंत में नाशीराम भट्ट (बर्तन वाला)

अंक एक

(दो फ़क़ीर 'शहर आशोब'[1] गाते हुए हाल में प्रवेश करते हैं और स्टेज पर जाते हैं, एक हाथ में कश्कोल[2] और तस्वीह[3] और दूसरे में एक डंडा और लोहे के कड़े लिये। पर्दे के सामने खड़े होकर नज़्म सुनाते हैं।)

फ़क़ीर : *है अब तो कुछ सुख़न[4] का मेरे कारोबार[5] बंद*
रहती है तबूअ[6] सोच में लैलो-निहार[7] बंद
दरिया सुख़न की फ़िक्र[8] का है मौजदार[9] बंद
हो किस तरह न मुँह में ज़ुबाँ बार-बार बंद
जब आगरे की ख़ल्क़[10] का हो रोज़गार बंद

जितने हैं आज आगरे में कारख़ानाजात
सब पर पड़ी हैं आन के रोजी की मुश्किलात
किस-किसके दुख को रोइये और किसकी कहिये बात
रोज़ी के अब दरख़्त का मिलता नहीं है पात
ऐसी हवा कुछ आके हुई एक बार बंद.

सर्राफ़, बनिये, जौहरी और सेठ-साहूकार
देते थे सबको नक़्द, सो खाते हैं अब उधार
बाज़ार में उड़े है पड़ी ख़ाक बेशुमार
बैठे हैं यूँ दुकानों में अपनी दुकानदार
जैसे कि चोर बैठे हों क़ैदी क़तारबंद

बेवारिसी[11] से आगरा ऐसा हुआ तबाह
टूटी हवेलियाँ हैं तो टूटी शहरपनाह
होता है बाग़बाँ से हर इक बाग़ का निबाह
वह बाग किस तरह न लुटे और उजड़े, आह
जिसका न बाग़बाँ हो, न माली, न ख़ारबंद[12]
आशिक़ कहो, असीर[13] कहो, आगरे का है
मुल्ला कहो, दबीर[14] कहो, आगरे का है
मुफ़लिस कहो, फ़क़ीर कहो, आगरे का है
शायर कहो, 'नज़ीर' कहो, आगरे का है
इस वास्ते ये उसने लिखे पाँच-चार बंद[15]

(नज़्म पढ़ते हुए स्टेज के बाहर चले जाते हैं और साथ ही पर्दा बड़ी तेजी से उठता है। बाज़ार में अजीब-बे-रौनक़ी है। तिल के लड्डूवाला, ककड़ीवाला, और दूसरे फेरीवाले आवाज़ लगाते हैं लेकिन कहीं सुनवाई नहीं होती। पृष्ठभूमि से एक औरत की आवाज़ आती है, जो तबले और सारंगी पर ग़ज़ल गा रही है। शायद पान की दुकान के ऊपर कोठे आबाद हैं। पतंगवाले की दुकान बंद है। किताबवाले के यहाँ दो-एक गाहक किताबें देख रहे हैं। जब ककड़ीवाला यहाँ आकर ककड़ी बेचने की कोशिश करता है तो गाहक किताब की दुकान से निकलकर पानवाले के यहाँ पहुँच जाते हैं और किताबवाला अपने हिसाब-किताब में लग जाता है।)

लड्डूवाला : धेले के छः-छः बाबूजी, धेले के छः-छः। हमसे मंदा कोई न बेचे। धेले के छः बाबूजी, धेले के छः-छः। *(एक बच्चे से)* खाके देखो, मियाँ। तिल के लड्डू, मिसरी के समान मीठे, लो खाओ।

(बच्चा मुँह फेर लेता है)

तरबूज़वाला : तरबूज़, ठंडा तरबूज़! कलेजे की ठंडक, आँखों की तरी! शरबत के कटोरे, ठंडा तरबूज़! दिल की गरमी निकालने वाला, जिगर की प्यास बुझानेवाला, ठंडा तरबूज़!

(राहगीर कोई ध्यान दिये बिना गुज़र जाते हैं)

बरफ़वाला : मलाई की बरफ़! बरफ़ लो! मलाई की बरफ़ लो!

ककड़ीवाला : ताज़ा ककड़ियाँ! हाँ, हाँ, ताज़ा ककड़ियाँ! कुरकुरी, हरी-भरी, दमड़ी की चार; खाकर देखिये साहब, रेशम की तरह मुलायम, गन्ने-सी-मीठी। ख़ास इस्कंदरे की ताज़ा ककड़ियाँ। हाँ, हाँ, ताज़ा ककड़ियाँ।

कनमैलिया : दाँत कुरेदो, कान का मैल निकालो, एक छदाम में। एक छदाम में दो काम। एक पंथ दो काज। दाँत का दाँत कुरेदो, कान का मैल निकालो, एक छदाम में।

पानवाला : आओ बाबूजी, बनारसियों में। बनारसियों के टुकड़े लगा दिये हैं। पान खाओ, मुँह रचाओ। इलायचियाँ कतर डाली हैं, इलायचियाँ। बड़े-बड़े टुकड़े लगाये हैं, बड़े-बड़े।

ककड़ीवाला : *(लड्डूवाले से)* फिर तू मेरी जगह पर बैठा?

लड्डूवाला : तभी तो मेरे लड्डू नहीं बिक रहे हैं। *(आवाज़ लगाते हुए)* मंदा माल है, घंटे-दो घंटे में ख़त्म हुआ जाता है। सवेरे से दो सौ लड्डू बेच चुका हूँ। अभी हैं, दो घड़ी बाद मिले न मिले।

ककड़ीवाला : मेरी जगह पर बैठा है और झूठ बोलता है, सवेरे से दो सौ लड्डू बेच चुका हूँ!

लड्डूवाला : फिर क्या कहूँ, दस दिन से एक लड्डू नहीं बेचा है। यह ब्यौपार की बात है, मेरी जान, यहाँ बातों के पैसे मिलते हैं। धेले के छः-छः, मियाँजी, हमसे मंदा कोई न बेचे। बाबूजी, धेले के छः-छः।

ककड़ीवाला : चल, उठ मेरी जगह से!

लड्डूवाला : अबे जा!

ककड़ीवाला : अबे अकड़ता काहे को है?

लड्डूवाला : अब तू जास्ती[16] ज़बान तो चला नहीं। नाक की फुनंग[17] में दम कर दिया। अम्मा-बाबा करके मर गए और हम आफ़त में फँस गए।

ककड़ीवाला : अबे ख़चिया, क्यों ख़ून औंटाता है? अबे, बाज़ आ जा!

लड्डूवाला : अबे कालिये, तू किधर से नमूदार[18] हो गया? हट जा यहाँ से! देखता नहीं, काली चीज़ को देखके गाहक बिदक जाते हैं।

ककड़ीवाला : मख़रेज़[19] करता है। .ख़ुदा की क़सम, यह अपने बाप से भी खिल्लीबाज़ी करता होगा। *(आवाज़ लगाते हुए)* दमड़ी की चार-चार, रेशम की तरह मुलायम, गन्ने की-सी मीठी! ख़ास इस्कंदरे की, दमड़ी की चार! ताज़ा ककड़ियाँ, हाँ, हाँ, ताज़ा ककड़ियाँ।

(कुछ लोग प्रवेश करते हैं। ककड़ीवाला आवाज़ लगाता हुआ उनकी तरफ़ बढ़ता है और उनका रास्ता रोककर खड़ा हो जाता है। इतने में एक मदारी दायीं तरफ़ से बंदर लिये हुए आता है और अपने तमाशे से अजब रंग जमा देता है। फेरीवाले, बच्चे, लड़के और रास्ता चलनेवाले–सब उसके चारों ओर जमा हो जाते हैं। शोर थम जाता है और पहली बार मदारी के फ़िक़रे साफ़ समझ में आते हैं।)

मदारी : *(बंदर नचाते हुए)* हाँ, जरा नाच दिखा दो, नाच। आगरे सहर में नाच दिखा दो। बच्चा लोग, एक हाथ की ताली बजाओ। अच्छा, जरा बताओ तो होली में मिरदंग कैसे बजाओगे? *(बंदर मृदंग बजाता है)* और पतंग कैसे उड़ाओगे? *(बंदर नक़ल करता है)* और बाँके बनकर महादेवजी के मेले में कैसे जाओगे? *(बंदर टोपी तिरछी करके इतरा-इतरा कर चलता है)* और बरसात आ गयी तो? *(बंदर फिसल पड़ता है)* फिसल पड़ोगे? अरे भाई, वाह! और अगर ठंडी लगी तो? *(बंदर बदन में कँपकँपी पैदा करता है)* और बुड्ढा हो गया तो? *(बंदर लाठी टेककर चलता है)* और मर गया तो? *(बंदर लेट जाता है)* हिंदू को राम की कसम और मुसलमानों को क़ुरान की कसम, ज़रा एक-एक क़दम पीछे हट जाओ। अच्छा, अब बताओ नादिरसाह दिल्ली पर कैसे झपटा था? *(बंदर मदारी को एक लाठी मारता है)* अरे, तुम तो सारे दिल्ली सहर को मार डालोगे! बस करो, बड़े मियाँ, बस करो! अच्छा, अहमदसाह अब्दाली दिल्ली पर कैसे झपटा था? *(बंदर लाठी मारता है)* हाँय, हाँय, हाँय, तुम तो सारे हिंदुस्तान को रौंद डालोंगे–बस करो बड़े मियाँ, बस करो। और सूरजमल जाट आगरे सहर पर कैसे झपटा था?

(वही नक़ल) ओहो, ओहो, मर गया। बस करो, बड़े मियाँ, बस करो! अच्छा बताओ, फिरंगी हिंदुस्तान में कैसे आया था? *(बंदर भीख माँगने की नक़ल करता है)* और पिलासी की लड़ाई में लाट साहब ने क्या किया था? *(बंदर लाठी से बंदूक चलाता है)* फैर कर दिया था? ओहो-हो, और बंगाल में क्या हुआ था? *(बंदर पेट बजाता है और कमज़ोरी का अभिनय करता है)* अकाल पड़ गया था। *(बंदर लेट जाता है)* लोगबाग भूख से मर गया था। और हमारा कैसा हालत है? *(बंदर गिर जाता है)* फिर हमारे को क्या करना चाहिए? *(बंदर लोगों के पास जाता है और पैरों पर सर रखकर लेट जाता है)* सलाम करो! *(बंदर सलाम करता है। लोग खिसकने लगते हैं)*

ककड़ीवाला : इस्कंदरे की ककड़ी, दमड़ी की चार-चार!

लड्डूवाला : बाबूजी, धेले के छः-छः, धेले के छः-छः।

तरबूज़वाला : गर्मियों की जान! तरबूज़, ठंडा तरबूज़!

मदारी : सलाम करो।

(बंदर पान की दुकान पर, जो दायें रास्ते के पास है, एक आदमी के पास जाकर खड़ा हो जाता है और सलाम करता है)

मदारी : बड़ा आया ककड़ी बेचनेवाला! हम एक लकड़ी देंगा तो ककड़ी-वकड़ी सब भूल जाएँगा।

ककड़ीवाला : बंदर कहीं का!

मदारी : अभी तेरा बंदर बनाकर रख दूँगा। साला आया है ककड़ी बेचने! ककड़ी दिखाके हमारा सब आदमी भगा दिया।

लड्डूवाला : क्या बात है?

तरबूज़वाला : मारो साले इस मदारी के बच्चे को!

मदारी : हमारा सब आदमी भगा दिया।

ककड़ीवाला : मैं तो अपनी ककड़ी बेच रहा था।

मदारी : ककड़ी बेच रहा था। यही जगह बचा था ककड़ी बेचने के लिए?

लड्डूवाला : क्यों तू ख़ुद ही अपनी कमाई के ठीकरे में छेद करने पर तुला हुआ है? तेरा आदमी भला वह क्या भगायेगा? जानता नहीं,

आजकल पैसे का नाम सुनते ही लोग रफ़ूचक्कर हो जाते हैं।

तरबूज़वाला : *(लड्डूवाले से)* भगवान झूठ न बुलवाये, भैया, दस दिन से एक तरबूज़ भी नहीं बेचा है हमने।

मदारी : अभी वह आदमी हमको पैसा दे रहा था। इसने बीच में अपनी ककड़ी घुसेड़ दी।

लड्डूवाला : अच्छा, बस जाओ अपना रास्ता लो!

मदारी : रास्ता तुम्हारे बाप का है!

तरबूज़वाला : अबे, मुँह सँभाल के बात करना, समझा?

मदारी : बड़ा लाट साहब आया है!

तरबूज़वाला : मार साले को!

ककड़ीवाला : *(दायें कोने से)* लोगों के पास खाने को पैसे हैं नहीं, इसका बंदर देखने के लिए पैसा देंगे!

लड्डूवाला : बच्चू, खाल खींच के रख दूँगा। क्या समझता है?

तरबूज़वाला : चल, निकल यहाँ से।

मदारी : *(बायें कोने से)* वाह रे आगरा! क्या औंधा सहर है! *(यह कहकर मदारी चला जाता है)*

ककड़ीवाला : हरामी पिल्ला।

(फ़क़ीर आते हैं)

फ़क़ीर : *पूछा किसी ने यह किसी कामिल[20] फ़क़ीर से*
ये मेहरो-माह हक़ ने बनाये हैं काहे के
वह सुनके बोला बाबा, खुदा तुमको ख़ैर दे
हम तो न चाँद समझें, न सूरज हैं जानते
बाबा, हमें तो ये नज़र आती हैं रोटियाँ
अल्लाह की भी याद दिलाती हैं रोटियाँ

रोटी न पेट में हो तो कुछ भी जतन न हो
मेले की सैर, ख़्वाहिशे-बाग़ो-चमन[21] न हो
भूखे ग़रीब दिल की खुदा से लगन न हो
सच है कहा किसी ने कि भूखे भजन न हो
अल्लाह की भी याद दिलाती हैं रोटियाँ
कपड़े किसी के लाल हैं रोटी के वास्ते

लंबे किसी के बाल हैं रोटी के वास्ते
बाँधे कोई रूमाल है रोटी के वास्ते
सब किश्फ़[22] और कमाल हैं रोटी के वास्ते
जितने हैं रूप सब ये दिखाती हैं रोटियाँ
अल्लाह की भी याद दिलाती हैं रोटियाँ

(फ़क़ीर चले जाते हैं)

ककड़ीवाला : अरे, वाह रे मेरे यार, क्या सूझी है!

लड्डूवाला : अबे कालिये, क्या सूझी?

ककड़ीवाला : बिल्कुल नयी बात!

लड्डूवाला : आत्महत्या की तो नहीं सूझी?

ककड़ीवाला : आत्महत्या करे मूरख। ज्ञानी के लिए संसार में बहुत-से रस्ते खुले हैं।

तरबूज़वाला : कौन-सी ज्ञान की बात सूझी है तुझे, हम भी तो सुनें।

ककड़ीवाला : जो सोच नहीं सकते, वह समझ भी नहीं सकते।

लड्डूवाला : जोर लगा के देखेंगे।

ककड़ीवाला : अब देखता हूँ, कैसे नहीं बिकती मेरी ककड़ी!

तरबूज़वाला : बंदर नचानेवाले हो क्या भैया?

लड्डूवाला : बंदर नचाने के लिए कहाँ से पैसे आएँगे? खुद नाच-नाचकर ककड़ी बेचेगा!

तरबूज़वाला : क्या बात है? हमको बता दोगे तो जात में फरक आ जाएगा क्या, भैया?

ककड़ीवाला : ब्योपार की बात सबको बताते रहे तो कमा चुके पैसा।

लड्डूवाला : बड़ा तीसमार ख़ाँ बनता है। बताता क्यों नहीं, क्या बात है?

(ककड़ी वाले का हाथ पकड़ लेता है)

ककड़ीवाला : नहीं बताऊँगा, क्या करते हो कर लो।

लड्डूवाला : अबे कालिये, कहीं तेरी गुद्दी न नाप दूँ!

ककड़ीवाला : गुद्दी क्या नापेगा तू, कहीं मैं ही तेरी थूथनी न रगड़ दूँ!

लड्डूवाला : अबे जबान सँभालकर बात कर, कदी किसी घमंड में हो।

ककड़ीवाला : आज हमको यही देखना है कि तेरी हेकड़ी चलती है या मेरी। बड़ा सिकंदरे-आजम बनकर आया है।

लड्डूवाला : मरने निकले, कफ़न का टोटा! अबे, क्यों हत्या देता फिर रहा है? दो घूँसे ऐसे लगाऊँगा कि अभी तेरा लड्डू बना दूँगा।

ककड़ीवाला : अबे, मैं कहता हूँ तेरी रबड़ी न घोंट दूँ!

लड्डूवाला : पाव-भर की हड्डियाँ पीसके धर दूँगा।

ककड़ीवाला : अच्छा तो आज तुझे भी कसम है। यह मेरी हड्डियाँ पीसके धर देगा!

लड्डूवाला : ऐसा दूँगा, मुँह फिर जाएगा।

तरबूज़वाला : अबे, एक गुद्दा मारूँगा तो गुरवाबाद कर दूँगा। मुँह गुद्दी में जा लगेगा। ज़बान कटकर गिर जाएगी, कदी किसी ख़याल में हो।

लड्डूवाला : अबे कालिये, तू अपनी बत्तीसी सँभाल!

तरबूज़वाला : अरे, अरे, यह क्या कर रहे हो भैया!

लड्डूवाला : माश के आटे की तरह अकड़ा जा रहा है।

ककड़ीवाला : अबे, मैं अकड़ रहा हूँ या तू?

तरबूज़वाला : अच्छा, यह दंगा बंद करो, भैया!

लड्डूवाला : अबे, चार उठाके ले जाएँगे, चार।

तरबूज़वाला : अच्छा, आओ अब ग़ुस्सा थूक दो!

ककड़ीवाला : तुम चुप रहो जी, समझे!

लड्डूवाला : तुम बीच में टाँग मत अड़ाओ। मैं निपट लूँगा आज इस कालिये के बच्चे से।

तरबूज़वाला : अबे, हर किसी पर बिगड़ बैठेगा! आज दो रोटी ज़्यादा खा लेना, और क्या!

लड्डूवाला : चुप!

तरबूज़वाला : तुम समझते हो, जरा आवाज़ उठाकर हर किसी को दबा लोगे!

लड्डूवाला : चुप रहता है कि तुझे भी दूँ एंक!

तरबूज़वाला : अजब हवन्नक़[23] है। अबे, क्या समझता है अपने-आपको?

लड्डूवाला : तेरा बाप!

तरबूज़वाला : क्या कहा?

लड्डूवाला : फिर कहूँ?

तरबूज़वाला : अबे, टाँग पर टाँग रखके तेरी फाँकें तराश दूँगा।

लड्डूवाला : बेटा, कच्चे को चबा जाऊँगा। क़तले-क़तले कर दूँगा, क़तले-क़तले।

बरफ़वाला : अबे, चुप रहो! कान खा लिये। ज़बान है कि दर्ज़ी की क़ैंची की तरह चलती ही जाती है।

लड्डूवाला : अबे, तेरी भी शामत आयी है? अच्छा, तू भी आ जा मैदान में। इस कालिये के साथ तुझे भी धोबी-पाट पर न दे मारा तो मेरा नाम नहीं।

रेवड़ीवाला : अबे, क्यों तुम लोगों की खाल ने पलटा खाया है! चुके हो जाओ!

ककड़ीवाला : अबे, पैंतरों की बात हमसे मत करना। खुदा क़सम हम हाजी शरीफ़ुद्दीन की तालीम के हैं। ऐसी चपत दूँगा कि अभी उड़न-छू हो जाएगा। क़सम है कलावड्डू[24] की!

लड्डूवाला : अबे, शरीफ़ुद्दीन किस चिड़िया का नाम है? बड़ा आया हाजी शरीफ़ुद्दीन का!

ककड़ीवाला : अब ज्यादा मत बोल, नहीं तो समझ ले मेरी आँखों में भी ख़ून सवार है।

लड्डूवाला : अबे, मटियामेट कर दूँगा। बड़ा चौधरी बना फिरता है।

ककड़ीवाला : मादरचोद!

(गुत्थम-गुत्था हो जाती है। सब अपने-अपने खोमचे छोड़कर झगड़े में लग जाते हैं। मौक़ा अच्छा देखकर कुछ उचक्के और बाज़ार के लौंडे रेवड़ियाँ, ककड़ी, लड्डू वग़ैरह लूटना शुरू कर देते हैं। इससे झगड़ा और बढ़ता है। कुम्हार के एक-दो बरतन टूट जाते हैं। लोग अपनी-अपनी दुकानें बंद कर लेते हैं। फ़क़ीर गाते हुए अंदर जाते हैं)

फ़क़ीर :

मुफ़लिस की कुछ नज़र नहीं रहती है आन पर
देता है वह अपनी जान एक-एक नान पर
हर आन टूट पड़ता है रोटी के ख़्वान[25] *पर*
जिस तरह कुत्ते लड़ते हैं एक उस्तख़्वान[26] *पर*

वैसा ही मुफ़लिसों को लड़ाती है मुफ़लिसी
यह दुख वह जाने जिस पे कि आती है मुफ़लिसी

जो अहले-फ़ज़्ल[27] आलिमो-फ़ाज़िल[28] कहाते हैं
मुफ़लिस हुए तो कलमा तलक भूल जाते हैं
पूछे कोई 'अलिफ़' तो उसे 'बे' बताते हैं
वे जो ग़रीब-गुरबा के लड़के पढ़ाते हैं
उनकी तो उम्र-भर नहीं जाती है मुफ़लिसी
यह दुख वह जाने जिस पे कि आती है मुफ़लिसी

कैसा ही आदमी हो पर इफ़लास[29] के तुफ़ैल[30]
कोई गधा कहे उसे, ठहरावे कोई बैल
कपड़े फटे तमाम, बढ़े बाल फैल-फैल
मुँह ख़ुश्क, दाँत ज़र्द, बदन पर जमा है मैल
सब शक्ल क़ैदियों की बनाती है मुफ़लिसी
यह दुख वह जाने जिस पे कि आती है मुफ़लिसी

(फ़क़ीर चले जाते हैं)

बरतनवाला : ऐसे लड़े कि खूब लड़े, खूब ही लड़े। अबे, मैंने तुम लोगों का क्या बिगाड़ा था? एक तो मंदा बाजार, ऊपर से यह टोटा! मेरी दो ठलियाँ फोड़ दीं सालों ने।

ककड़ीवाला : फिर भी पचास और होंगी तुम्हारे पास। यहाँ तो यार ख़ाँ का दीवाला निकल गया। कल बारिश में ककड़ियाँ बर्बाद हो गयीं और आज चार आने का उधार माल लेकर आया था जिसमें आधा साफ़।

लड्डूवाला : अबे कालिये, तूने ही झगड़ा शुरू किया था। बस अब चुपका बैठा रह।

तरबूज़वाला : बस, अब फिर से छेड़ख़ानी मत निकालो। नहीं तो न तुम्हारे पास एक लड्डू बचेगा न मेरे पास एक तरबूज़।

ककड़ीवाला : *(एक शोहदे को गुज़रता देखकर)* मियाँ!

अजनबी : क्या है मियाँ?

ककड़ीवाला : आप बुरा न मानें तो आपसे एक बात पूछना चाहता हूँ।

अजनबी : फ़रमाइये!

ककड़ीवाला : क्या आप शायरी करते हैं?

अजनबी : अभी तक तो तौफ़ीक़[31] नहीं हुई। मगर आपको मतलब?

ककड़ीवाला : यों ही!

अजनबी : अजब पागलों से साबक़ा पड़ता है।

(चला जाता है। शायर हमजोली के साथ आता है)

शायर : *(रुककर)* कहते हैं और क्या ख़ूब कहते हैं :

न मिल 'मीर' अबके अमीरों से तू

हुए हैं फ़क़ीर उनकी दौलत से हम

हमजोली : सुभान-अल्लाह!

ककड़ीवाला : *(पास जाकर)* सुभान-अल्लाह! वाह-वाह मियाँ, वाह क्या कहने हैं! मियाँ, मेरी भी एक छोटी-सी अर्ज़ है।

शायर : अमाँ, क्या बात है!

ककड़ीवाला : सवाल मेरे पेट का है, हुज़ूर। ककड़ी बेचूँगा और सारी उम्र आपको दुआएँ दूँगा। अगर मेरी ककड़ियों पर आप...माफ़ कीजिए, मुझे एक बात सूझी है। सुबह से शाम तक फेरी लगाता हूँ। कई हफ़्ते हो गए, धेले की बिक्री नहीं हुई।

शायर : मैंने अर्ज़ किया, मुझे नहीं चाहिए आपकी ककड़ी।

ककड़ीवाला : मैं कब कह रहा हूँ, मियाँ! बल्कि आप ये सारी ककड़ियाँ फोकट ही में ले लीजिए।

शायर : दिक़ कर रखा है। अमाँ तुम क्या कहना चाहते हो, कहते क्यों नहीं?

ककड़ीवाला : मैंने सोचा है कि गाकर ककड़ियाँ बेचूँगा तो खूब बिकेंगी।

शायर : बहुत ख़ूब! मुबारक!

ककड़ीवाला : अगर आप दो-चार शे'र मेरी ककड़ियों पर लिख देते तो मैं आपका बड़ा एहसान मानता।

(शायर क़हक़हा लगाता है)

शायर : अरे भाई, हमारी क्या हक़ीक़त है, कहो तो किसी उस्ताद से लिखवा दें तुम्हारे लिए एक पूरा क़सीदा[32]।

हमजोली : क्या बात है?

शायर : कहते हैं, हमारी ककड़ियाँ पर दो-चार शे'र लिख दीजिए। मैंने

अर्ज़ किया कि कहो तो उस्ताद 'ज़ौक़' से कहकर इस नायाब मौज़ू पर एक नज़्म लिखवा दूँ।

हमजोली : बजा फ़रमाया। अरे भाई, उस्ताद 'ज़ौक़' का नाम सुना है?

ककड़ीवाला : हम क्या जानें हुजूर, गँवार आदमी।

शायर : बात तो बड़ी समझ-बूझ की करते हो। भला गँवार को यह कहाँ सूझेगी?

हमजोली : बादशाह सलामत के उस्ताद हैं। अगर तारीफ़ करें तो ज़र्रे को आफ़्ताब बना दें।

ककड़ीवाला : इतने बड़े शायर, भला वह सड़ी-सी ककड़ी पर क्या शे'र कहेंगे?

शायर : क्यों नहीं कहेंगे, शायर जो ठहरे।

ककड़ीवाला : हमारी दरबार तक क्या पहुँच होगी, मियाँ?

शायर : कहो तो हम पहुँचा दें।

ककड़ीवाला : आप तो गरीब आदमी का मज़ाक़ उड़ाते हैं।

शायर : भई, साफ़ बात यह है कि ककड़ी जैसे हसीन मौज़ू पर जब तक कोई पाए का शायर जोर-आज़माई न करे हक़ अदा न होगा, और हम ठहरे नौ-मश्क़[33]। इसलिए हमारे बस का तो यह रोग है नहीं।

(हँसते हुए दोनों किताबवाले की दुकान की तरफ़ बढ़ जाते हैं)

तरबूज़वाला : *(शायर की तरफ़ बढ़कर और उसे रास्ते में रोककर)* तरबूज़, ठंडा तरबूज़! कलेजे की ठंडक, आँखों की तरी, गर्मियों की जान, शरबत के कटोरे, दिल की गर्मी निकालनेवाला, जिगर की प्यास बुझानेवाला! ज़रा चखके देखिये साहब, ठंडा मीठा तरबूज़।

शायर : भई देखो, यों तुम्हारा माल नहीं बिकेगा। ऐसा करो, तुम भी अपने तरबूज़ पर किसी मिर्ज़ा या मीर साहब से कहकर कुछ शे'र लिखवा लो। फिर अहले-सुख़न[34] की दाद में हम भी ख़रीद लेंगे तुम्हारे पास से तरबूज़।

(हँसकर आगे बढ़ जाता है)

तरबूज़वाला : *(दायीं तरफ़ लड्डूवाले के पास जाकर)* जानते हो क्या बात

थी, भैया? यह ककड़ी पर शे'र लिखवाना चाहते हैं किसी शायर से।

लड्डूवाला : अरे, तो वही शे'र क्यों नहीं याद कर लेता जो मदारी ने कहा था : खा लो ककड़ी-वकड़ी, नहीं तो दूँगा लकड़ी।

तरबूज़वाला : हाँ, और क्या! *(दोनों हँसते हैं)*

लड्डूवाला : *(हँसकर)* शायर अगर ककड़ी-तरबूज़ पर शे'र कहने लगे तो शायरी छोड़कर ककड़ी-तरबूज़ न बेचने लगें।

तरबूज़वाला : क्यों न लड्डू-तरबूज़ बेचना छोड़के हम भी नज़्म कहना, शे'र लिखना शुरू कर दें। भूखा मरना ठहरा तो यों ही सही। क्यों, भैया!

शायर : *(किताब वाले की दुकान पर एक किताब देखते हुए)* मुलाहिज़ा कीजिए, कहते हैं :

दिल्ली में आज भीख भी मिलती नहीं उन्हें
था कल तलक दिमाग जिन्हें ताजो-तख़्त का

किताबवाला : *(अपनी मसनद पर बैठे-बैठे)* वाह-वाह, सुभान-अल्लाह! सुना है, जुनून[35] के दौरे पड़ने लगे हैं इन दिनों 'मीर' साहब पर?

शायर : दम ग़नीमत समझिए, अस्सी से ऊपर उम्र होने को आयी।

हमजोली : और फिर क्या-क्या ज़माने देखे हैं 'मीर' साहब ने! इसी शहर में अज़ीजों की बेवफ़ाई देखी; घर छोड़ा, वतन छोड़ा। दिल्ली छोड़ी कि एक ज़माने में सुख़नदानों और बा-कमालों का मलजा-ओ-मावा[36] थी। दर-दर की ख़ाक छानी। ईरानियों और तूरानियों के हमले देखे। अफ़ग़ानों, रुहेलों, राजपूतों, जाटों और मराठों की दस्तबुर्द[37] देखी। देखा कि दिल्ली में ख़ून के दरिया रवाँ है और इंसानों के सर कटोरों की तरह तैर रहे हैं। अपना घर आँखों के सामने लुटते देखा :

घर जला सामने ऐसा कि बुझाया न गया

यह सब देखा। अब लखनऊ में गोशा-नशीन हैं और फ़िरंगियों की ग़ारतगरी[38] देख रहे हैं।

किताबवाला : सच कहते हो भाई, अजब गर्दिशों का ज़माना है। मुझे तो ऐसा महसूस होता है कि यह सल्तनते-मुग़लिया नहीं है, एक

ज़बर्दस्त क़वी-हैक़ल[39] शेर-बबर है जिस पर सैकड़ों कुत्ते-बिल्लियों ने हमला कर दिया है और इसे ज़ख़्मों से चूर और लाचार देखकर आसमान से चील और गिद्ध भी जमा हो गए हैं और ठोंगे मार-मारकर उसकी तिक्का-बोटी कर रहे हैं। और वह शेर है कि न तो उसे कराहने की मोहलत है, न मर जाने का यारा।

शायर : भई, बहुत ख़ूब, मौलवी साहब! वल्लाह, यह आप ही का हिस्सा है यह ज़बान और यह अंदाज़े-गुफ़्तगू। हम तो नाम के शायर हैं साहब। आप तो बात-बात में शायरी करते हैं।

किताबवाला : ये आप हज़रात की सोहबत का नतीजा है, और क्या!

हमजोली : आप दोनों कसर-नफ़्सी से काम ले रहे हैं।

शायर : हमारी कसर-नफ़्सी कह लीजिए या अपना हुस्ने-ज़न[40]! बहरहाल, साहब हम तो इस बात के क़ायल हैं कि दीवान भी छपवाया जाए तो ऐसे शख़्स से जो सुख़न-फ़हम[41] हो।

किताबवाला : और अपना यह ईमान है कि शे'र छापें तो शायर के। *(कंधे पर हाथ रखकर)* हरकसो-नाकस[42] के अशआर छापना हमारा पेशा नहीं।

हमजोली : *(शायर से)* आपका दीवान तो मुकम्मल हो गया होगा?

शायर : साहब, शायर का कलाम उसकी ज़िंदगी के साथ ही तकमील[43] को पहुँचता है। बहरहाल, इतने शे'र ज़रूर हो गए हैं कि किताबी सूरत में आ जाएँ।

किताबवाला : लीजिए, और आपने मुझसे ज़िक्र तक नहीं किया।

हमजोली : तसाहुल[44], शायर जो ठहरे।

शायर : घर की बात थी, सोचा किसी भी वक़्त मसविदा आपके सुपुर्द कर दूँगा कि जो जी में आए कीजिए।

किताबवाला : ग़ज़ब न कीजिए, साहब। मसविदा कल ही मेरे यहाँ पहुँचा दीजिए।

(फ़क़ीर आते हैं)

फ़क़ीर : *जो ख़ुशामद करे ख़ल्क़ उससे सदा राज़ी है*
सच तो यह है कि ख़ुशामद से ख़ुदा राज़ी है

अपना मतलब हो तो मतलब की ख़ुशामद कीजिए
और न हो काम तो उस ढब की ख़ुशामद कीजिए
औलिया अंबिया[45] और रब की ख़ुशामद कीजिए
जो ख़ुशामद करे ख़ल्क़ उससे सदा राज़ी है
सच तो यह है कि ख़ुशामद से ख़ुदा राज़ी है
ऐश करते हैं वही जिनका ख़ुशामद है मिज़ाज
जो नहीं करते वे रहते हैं हमेशा मोहताज
हाथ आता है ख़ुशामद से मकाँ, मुल्क और ताज
क्या ही तासीर की इस नुस्ख़े ने पाया है रिवाज
जो ख़ुशामद करे ख़ल्क़ उससे सदा राज़ी है
सच तो यह है कि ख़ुशामद से ख़ुदा राज़ी है
गर भला हो तो भले की भी ख़ुशामद कीजिए
और बुरा हो तो बुरे की भी ख़ुशामद कीजिए
पाक़ो-नापाक-सड़े की भी ख़ुशामद कीजिए
कुत्ते, बिल्ली व गधे की भी ख़ुशामद कीजिए
जो ख़ुशामद करे ख़ल्क़ उससे सदा राज़ी है
सच तो यह है कि ख़ुशामद से ख़ुदा राज़ी है
(फ़क़ीर चले जाते हैं)

किताबवाला : आप साहबान के तशरीफ़ लाने से पहले वह शोरे-क़यामत बरपा हुआ था इस बाजार में कि तोबा ही भली।

शायर : क्यों?

किताबवाला : बस, कुछ रज़ीलों[46] में आपस में तू-तू मैं-मैं शुरू हो गयी। बात-बात में एक अच्छा-ख़ासा हंगामा शुरू हो गया। लूट-मार मच गयी।

शायर : आपकी दुकान पर तो आँच नहीं आयी?

किताबवाला : ग़नीमत समझिए, अभी दुनिया में किताबों की इतनी माँग नहीं।

हमजोली : क्यों, रद्दी में बेची जा सकती हैं।

किताबवाला : *(हँसते हुए)* एक ककड़ीवाले ने शरारत शुरू की थी।

शायर : अरे, वही साहब जो वहाँ तशरीफ़ रखते हैं।

किताबवाला : जी हाँ।

शायर : अभी-अभी उन्होंने मुझसे ककड़ी पर शे'र कहने की दरख़्वास्त की थी।

किताबवाला : माशा-अल्लाह!

हमजोली : साहब, क्या यह मुमकिन नहीं कि शायरी के अंदर कोई इस पूरे माहौल की तस्वीर खींच दे।

शायर : 'मीर' साहब का कलाम इस अफ़रा-तफ़री की दर्दअंगेज़ तस्वीर नहीं तो और क्या है :

परागंदा रोज़ी, परागंदा दिल[47]

इस एक फ़िक़रे में एक दफ़्तरे-मानी पिन्हाँ[48] है।

हमजोली : नहीं साहब यह तो उन्होंने अपनी जाती परागंदा-हाली का रोना रोया है।

शायर : *(बात काटकर)* दुनिया-भर का ठेका ले रखा है शायर ने?

हमजोली : जी नहीं, मेरा मतलब यह था कि शायद ग़ज़ल की सिन्फ़[49] में वह वुसअत[50] नहीं कि उसमें हर मज़मून और हर ख़याल नज़्म किया जा सके।

शायर : आप शुअराए-ईरान और असातज़ाए-हिंद[51] की सदियों की रवायतों पर हमला कर रहे हैं। ग़ज़ल जैसी हसीन चीज़ दुनिया के किस अदब में पायी जाती है?

हमजोली : मैं उसके हुस्न से इंकार नहीं कर रहा। मैं तो यह कहता हूँ कि उसमें इतनी गुंजाइश नहीं।

शायर : जो चीज़ ग़ज़ल में नहीं कह सकते, क़सीदे में कहिए।

हमजोली : क़सीदे में बादशाहों की तारीफ़ के सिवा और क्या कहिएगा?

शायर : मसनवी में तो सब कुछ कह सकते हैं।

ककड़ीवाला : *(तज़किरानवीस[52] को आता देखकर)* साहब, आप बुज़ुर्ग, मैं आपके सामने लौंडा। आपका दिमाग़ जैसे आसमान पर सूरज, मेरी हैसियत जैसे ज़मीन पर उड़ती ख़ाक। छोटा मुँह बड़ी बात, गुस्ताख़ी माफ़ कीजिए, मेरी एक छोटी-सी अरज़ सुन लीजिए।

(तज़किरानवीस उसकी तरफ़ देखता है और त्यौरी चढ़ाके

चुपचाप आगे बढ़ जाता है)

तज़्किरानवीस : *(किताबवाले की दुकान पर पहुँचकर)* अस्सलामअलेकुम!

किताबवाला : वालेकुमअस्सलाम, आइये मौलाना!

(अपनी मसनद मौलाना को देता है और खुद दुकान के सामने वाले स्टूल पर बैठ जाता है)

शायर : ग़रीब सुबह से आपकी राह तक रहा है कि आप आएँ तो आप से दो-चार शे'र अपनी ककड़ी पर लिखवाए और आपने उसकी बात का जवाब तक देना गवारा न किया।

तज़्किरानवीस : मैं ऐसे-वैसों से बात करके अपनी ज़बान ख़राब करना नहीं चाहता।

किताबवाला : आप भी गोया 'मीर' साहब के नक़्शे-क़दम पर चल रहे हैं। सुना है, दिल्ली से लखनऊ के सफ़र में 'मीर' साहब एक लखनवी के साथ एक ही इक्के पर हमसफ़र थे और सारे रास्ते ख़ामोश रहे कि कहीं ज़बान न बिगड़ जाए!

तज़्किरानवीस : साहब, यही रवायतें तो हैं कि आगे चलकर शायद ज़बान और शेरो-अदब को जिंदा रखेंगी वरना बर्बादी में कसर कौन-सी बाक़ी रह गयी है! अब देख लीजिए, दिल्ली और आगरा में इन दिनों जिस क़िस्म की ज़बान लोग बोलने लगे हैं, मैं तो कान बंद कर लेता हूँ। साहब, सुना है कलाम-पाक का रेख़्ता में तर्जुमा आ गया है।

किताबवाला : जी हाँ, शाह रफ़ीउद्दीन साहब का तर्जुमा मौजूद है और अगर आपको मौलवी अब्दुल क़ादिर का तर्जुमा दरकार है तो कुछ रोज़ इंतज़ार कीजिए। हफ़्ते-दो हफ़्ते में वह भी आ जाएगा।

शायर : तरक़्क़ी का दौर आ रहा है, मौलाना।

किताबवाला : तरक़्क़ी कह लीजिए या तनज़्ज़ुल[53], बहरहाल ज़माना बड़ी तेज़ी से बदल रहा है। मशीनें आ गयी हैं। जगह-जगह छापेख़ाने खुल रहे हैं और कलाम-पाक के साथ-साथ इंजील के भी तर्जुमे छप रहे हैं। सुना है, कलकत्ते में एक फ़िरंगी है जो संस्कृत, फ़ारसी, उर्दू और दीगर हिंदुस्तानी ज़बानों में बड़ी महारत रखता है। उसने एक मदरसा खोला है फ़ोर्ट विलियम

कॉलेज नाम का। वहाँ इन जबानों में दर्स[54] दिया जाता है। और अब तो सुना है कि मुशायरे भी वहीं मुनअक़द[55] होंगे।

शायर : हमने तो यहाँ तक सुना है कि दिल्ली में भी एक कॉलेज खुल रहा है जहाँ अँग्रेज़ी ज़बान की तालीम और कीमिया और तिबीआत[56] पर दर्स दिये जाएँगे।

किताबवाला : कुफ्रो-इलहाद[57] का दौर है। इस दौर को बदल देने के लिए ब-ख़ुदा किसी मुजाहिद[58] की जरूरत है। फ़ी-ज़माना दर्दमंद तो शायद बहुत हैं मगर मुजाहिद कोई नहीं।

हमजोली : ज़माने को ज़रूरत दरअसल मुजाहिद की नहीं मौलाना, बल्कि इंसान की है। इंसान कहीं नज़र नहीं आता।

शायर : *(खड़े होकर)* तो हम लोग क्या जानवर हैं? *(सब हँस देते हैं। शायर बैठ जाता है)*

हमजोली : दर्सो-तदरीस[59] का यह नया सिलसिला जो शुरू हो रहा है, मेरा यक़ीन है कि इंसान भी यहीं से पैदा होंगे। वैसे भी सारे ज़माने में लूटमार मची हुई है। जिसे देखो अपनी बेरोज़गारी का रोना रोता है। इन नये कॉलेजों से कम-अज़-कम यह तो होगा कि कुछ लोगों के लिए रोज़ी का हीला निकल आएगा।

किताबवाला : *(तज़किरानवीस से)* मेरा तो ख़याल है मौलाना, आपकी इन तसनीफ़ात[60], शरहो-हदीस[61], तबिसरा-ओ-तनक़ीद[62] और तज़किरा-नवीसी में कुछ नहीं धरा है। अब तो आप भी कुछ नये रास्ते निकालने की फ़िक्र कीजिए। *(उठकर मौलाना के पास बैठ जाता है)* मैंने उड़ते-उड़ते किसी से सुना है कि दिल्ली में छापाख़ाना आ रहा है और बहुत जल्द उर्दू में रिसाले और अख़बारात छपने शुरू हो जाएँगे। सोचता हूँ, वहीं कुतुबख़ाना खोल लूँ और अख़बारात का भी सिलसिला जारी करूँ।

तज़किरानवीस : मियाँ, बुरा बहुत बुरा वक़्त आया है वाक़ई! अभी कल की बात है मैं अबुल-फ़त्ह साहब के मतब में बैठा नसुल्ला बेग साहब से बातें कर रहा था कि किस तरह आगरा और दिल्ली को हविसकारों[63] ने लूट लिया। सिलसिला-ए-गुफ़्तगू शेरो-अदब तक पहुँचा। मीर अम्मन खाँ की दर्दनाक दास्तान सुनाने लगे

कि किस तरह सूरजमल जाट ने उनका घर बर्बाद किया और उनकी जायदाद पर क़ाबिज़ हुआ। कहने लगे कि वह अब कलकत्ते के नये फ़िरंगी मदरसे में बैठे 'क़िस्सा चहार दरवेश' लिख रहे हैं और ख़्वाहिशमंद हैं कि मैं भी कलकत्ते हिजरत करूँ। फ़ारसी की मुदर्रिसी मिल जाएगी। यही रजब अली 'सुरूर' ने कहलवा भेजा है। ख़ुद नसरुल्ला बेग इसी बात पर ज़ोर दे रहे थे।

किताबवाला : *(दुकान से उठकर बाहर जाते-जाते रुककर)* अब उन्हीं को देखिए, फ़िरंगी की फ़ौज में रिसालदार हैं और मज़े से हैं। *(बायीं ओर से निकल जाते हैं।)*

शायर : सुना है, उनके भतीजे असदुल्लाह की शादी हो गई?

तज़किरानवीस : जी हाँ! भई, अजीब ज़हीन लड़का है यह असदुल्लाह भी! इस कम-उम्री में फ़ारसी में शे'र कहता है और वल्लाह ख़ुद मेरी समझ में नहीं आते।

हमजोली : उसकी उम्र तो यही कोई तेरह-चौदह की होगी?

शायर : जी हाँ, इसमें हैरत की क्या बात है? शेख़ मुहम्मद इब्राहीम 'ज़ौक़' को देखिए। अट्ठारह-बीस की उम्र होगी। अकबरे-सानी के दरबार में पहुँचे। शाह नसीर जैसे कुहना-मश्क़[64] का तख़्ता उलट दिया और अब उस्तादे-शह हैं। सारी दिल्ली में उनका तूती बोल रहा है।

तज़किरानवीस : मियाँ, अब कैसी दिल्ली, कहाँ का दरबार और कौन-से अकबरे-सानी! अकबरो-आलमगीर वग़ैरह के बाद आलमगीर-सानी और शाह आलम-सानी और अकबरे-सानी लौहे-सल्तनते-मुग़लिया पर हर्फ़े-मुकर्रर[65] की तरह आते हैं और उजड़ी हुई दिल्ली के ख़राबा-ए-वहशतनाक[66] में, जिसका नाम कभी क़िला-ए-मुअल्ला था एक लुटा-पिटा दरबार जम जाता है। घड़ी-भर के लिए शेरो-अदब की आवाज़ बुलंद होती है, फिर वही वहशतों का हमला, और वही हू का आलम। लोग अवध या दकन की तरफ़ भाग निकले हैं और दिल्ली के गोरिस्ताने-शाही[67] में फिर वही कुत्ते लोटते हैं और उल्लू

बोलता है।

(दायें रास्ते से एक गाहक आता है)

ग्राहक : *(तज़किरानवीस को किताबवाला समझकर)* साहब, मुंशी मिर्ज़ा मेहदी का 'नादिरनामा' होगा आपके यहाँ?

(किताबवाला इज़ारबंद बाँधता हुआ बायीं तरफ़ से तेज़ी से अंदर आता है)

एक आवाज़ : *(स्टेज की बायीं तरफ़ से, गुस्से में)* क्या, मौलवी साहब, ऐन दुकान के सामने बैठ जाते हैं आप भी हर रोज़! मारे बदबू के नाक में दम आ गया है।

(एक अजनबी जो बाज़ार में टहल रहा था, गली से झाँककर ये बातें ग़ौर से सुनता है और मौलवी साहब को देखकर क़हक़हा लगाता है)

किताबवाला : 'नादिरनामा' तो है नहीं। अलबत्ता उसका तर्जुमा उर्दू में हुआ है—'तारीखे़-नादिरी'—वह मौजूद है।

ग्राहक : और 'क़िस्सा लैला-मजनूँ'?

किताबवाला : 'क़िस्सा लैला-मजनूँ' भी अमीर खुसरो का ख़त्म हो गया मगर हैदरी साहब का उर्दू का तर्जुमा अभी-अभी आया है।

ग्राहक : ज़रा दिखाइए।

(किताबवाला गाहक को लेकर अंदर जाता है। देहातियों की एक टोली रंगीन कपड़े पहने, 'बलदेवजी का मेला' शीर्षक वाली नज़्म गाती हुई बायें रास्ते से आती है। दूसरी तरफ़ से सिखों की एक टोली 'मदह गुरु नानक' कविता गाती हुई अंदर आती है। दोनों में तनातनी। लाठी, बल्लम, तलवार, नेज़े निकल आते हैं। आख़िर गुरु नानक के चित्र के आगे दोनों टोलियाँ सर झुका देती हैं और दोनों कविताओं को एक-दूसरे से मिलाकर गाते हुए शांतिपूर्वक बाहर चली जाती हैं)

हैं कहते नानक शाह जिन्हें वह पूरे हैं आगाह गुरु
वो कामिल रहबर जग में हैं, यूँ रौशन जैसे माह गुरु
मक़सूद, मुराद, उम्मीद सभी, बर लाते हैं दिलख़्वाह गुरु

नित लुत्फ़ोकरम से करते हैं, हमलोगों का निर्वाह गुरु
इस बख़्शीश के, इस अजमत के हैं बाबा नानकशाह गुरु
सब सीस नवा अरदास करो, और हरदम बोलो वाह गुरु

हिंदू टोली : क्या वह दिलबर कोई नवेला है
नाथ है और कहीं वह चेला है
मोतिया है, चमेली-बेला है
भीड़ अंबोह है, अकेला है
शहरी, क़स्बाती और गँवेला है
ज़र अशरफ़ी है, पैसा-धेला है
एक क्या-क्या वह खेल खेला है
भीड़ है ख़ल्क़तों का रेला है
रंग है, रूप है, झमेला है
ज़ोर बलदेव जी का मेला है

हर तरफ़ गुलबदन रँगीले हैं
नुक-पलक गुंचः लब[68] सजीले हैं
बात के तिरछे और कटीले हैं
दिल के लेने को सब हठीले हैं
खुश्क, तर, नर्म, सूखे, गीले हैं
टेढ़े, बलदार और नुकीले हैं
जोड़े भी सुर्ख़, सब्ज़, पीले हैं
प्यार, उल्फ़त, बहाने-हीले हैं
रंग है, रूप है, झमेला है
ज़ोर बलदेव जी का मेला है

क्या मची है बहार, जय बलदेव!
ऐश के कारोबार, जय बलदेव!
धूम लैलो-निहार, जय बलदेव!
हर कहीं आशकार[69], जय बलदेव!
हर ज़बान पर हज़ार जय बलदेव!
दम-ब-दम यादगार, जय बलदेव!
कह 'नज़ीर' अब पुकार, जय बलदेव!
सब कहो एक बार, जय बलदेव!

रंग है, रूप है, झमेला है
ज़ोर बलदेव जी का मेला है

(टोली गाती हुई दायीं तरफ़ से निकल जाती है। एक हसीना बेनज़ीर बाज़ार में आती है माथे पर क़श्क़ा[70], हाथ में फूलों का गजरा। उसके पीछे-पीछे एक शोहदा लगा हुआ है)

शोहदा : ऐ दिल-आराम, जय सीताराम!

बेनज़ीर : *(मुस्कराकर)* क्या चाहते हो?

शोहदा : अर्ज़े-हाल।

बेनज़ीर : फ़रमाओ।

शोहदा : श्री रामचंद्र ने लंका को फ़तह किया और तुम्हारे सूरमा हुस्न ने मेरे दिल का गढ़।
बूद दर ज़ोर दिले-मन रावन
राम करदंद बुत्ताँ राम किसूँ[71]

बेनज़ीर : इस बात का गवाह?

शोहदा : हनुमान। *(हसीना हँस देती है और दोनों बातें करते हुए आगे निकल जाते हैं।)*
रे छैल-छबीली, रंग-रँगीली, गाँठ-गठीली, तुझे किस नाम से पुकारूँ?

बेनज़ीर : लौंडी को बेनज़ीर कहते हैं। क्या मैं जनाब का इस्मे-शरीफ़[72] दरयाफ़्त कर सकती हूँ?

शोहदा : मुझे बद्रे-मुनीर कहते हैं। और रहनेवाली तुम कहाँ की हो?

बेनज़ीर : मैं हुस्नपुरा की रहनेवाली हूँ। और सरकार?

शोहदा : यह नाचीज़ इश्क़नगर में रहता है।
(दोनों चले जाते हैं)

●

शायर : मौलाना, सुना है आप शुअराए-उर्दू का कोई तज़किरा लिख रहे हैं?

तज़किरानवीस : जी हाँ, लिख तो रहा हूँ!

शायर : किस मंज़िल में है?

तजक़िरानवीस : गुमरही की मंज़िलों में भटक रहा है, साहब, और क्या! मियाँ, 'सोज़' मरहूम के साथ सोहबत थी, उन्हीं ने उकसाया था कि कुछ लिखिए। एक ज़माना था कि दिल्ली और उसके गिर्दो-नवाह[73] के चक्कर लगते थे। 'सोज़' मरहूम के अलावा 'मीर' साहब, ख़्वाजा मीर 'दर्द', हज़रत 'सौदा', मीर हसन, हज़रत 'फ़ुग़ाँ'—सबके साथ उठना-बैठना था। ये हज़रत दुनिया से क्या उठे बज़्म ही उजड़ गयी।

किताबवाला : *(एक देहाती लड़के को गुज़रता देखकर)* इधर आना, मियाँ! *(लड़का नहीं सुनता)*। अबे, इधर आ बे ख़बीस! *(लड़का आता है)* ससुरे, रेख़्ता नहीं समझते। जब तक मुग़ल्लिज़ात[74] न बकिये, समझते हैं इज़्ज़त नहीं हुई। *(लड़के को पैसे देकर)* अजी, ज़रा सामने की दुकान से चार पान बनवा लाओ।

(लड़का पान की दुकान पर चला जाता है)

लड़का : ज़रा हाथ चलाके चार पान बना देना, भाई।

पानवाला : अभी लीजिए, साहब। बनारसियों के बड़े-बड़े टुकड़े। इलायचियाँ कतर डाली हैं, इलायचियाँ!

तज़किरानवीस : 'मीर' साहब कोई तीस बरस बाद अपने वतने-मालूफ़[75], यानी दिल्ली वापस आए। उलमा-ओ-फ़ुज़ला से मिले। इज़्ज़तो-तौक़ीर[76] मिली, पर ऐसा कोई मुख़ातिब नहीं मिला जिससे दिले-बेताब को तसल्ली हो। कहने लगे कि सुभान-अल्लाह, यही वह शहर है कि जिसके हर कूचे में आरिफ़, कामिल, फ़ाज़िल, शायर, मुंशी और दानिशमंद थे! आज वहाँ कोई ऐसा नहीं कि उसकी सोहबत से लुत्फ़ उठाऊँ। चार महीने इस तौर से वतने-अज़ीज़ में गुज़ारे। बहुत रंज हुआ और वापस चले गए। *(लड़का पान लाता है।)*

वो उनका बज़्म में आना, बस इतना याद है 'मीर'
कि उसके बाद चिराग़ों में रोशनी न रही

ग़रज, साहब, अब कैसा तज़किरा और कहाँ का तज़किरानवीस। बहरहाल दास्ताने-पारीना[77] का एक ज़रीं वर्क़[78] अब तक ज़ेहन के किसी गोशे में जगमगाता रहता है। अहदे-हाज़िर की

ज़ुल्मतों[79] ने अगर उस शम्अ को बुझा न दिया तो मुमकिन है आनेवाली नस्लों के लिए कुछ छोड़ जाऊँ। वरना तो हमारा दम भी ग़नीमत समझो।

(पीछे के दरवाज़े से एक आदमी तेज़ी से अंदर आता है और दायीं तरफ़ से निकल जाता है। ककड़ीवाला उसके पीछे आवाज़ लगाता हुआ दौड़ता है और उसके साथ बाहर निकल जाता है)

शायर : मौलवी साहब मेरा दीवान छापने पर मुसिर[80] हैं। सोच रहा था कि अगर आप उसे एक नज़र देख लेते तो मेरी इस्लाह[81] भी हो जाती और बहुत मुमकिन है कि आपको शोअरा का तज़किरा लिखने के सिलसिले में एक नयी तहरीक[82] भी होती।

तज़किरानवीस : नई तहरीक तो ख़ैर अब क्या होगी, बहरहाल ख़िदमत के लिए हर वक़्त हाज़िर हूँ।

(वही आदमी दायीं तरफ़ से अंदर आता है और बायीं तरफ़ से निकल जाता है। ककड़ीवाला अब तक उसके पीछे लगा हुआ है, मगर वह बीच स्टेज पर पहुँचकर रुक जाता है। आवाज़ धीमी हो जाती है। पानवाले की बेंच की तरफ़ धीरे-धीरे वापस जाता है और बैठ जाता है)

किताबवाला : *(गाहक से)* नहीं साहब, फ़ारसी का 'लैला-मजनूँ' ख़त्म हो गया है। मैंने आपसे पहले ही अर्ज़ कर दिया था।

(गाहक चला जाता है)

तज़किरानवीस : अब यह ज़माना देखिए कि कुतुबख़ानों में फ़ारसी की किताबें अनक़ा[83] हो रही हैं। नस्र भी उर्दू ही में लिखी जाती है। फिर कोई क्या तज़किरा लिखे और किसलिए?

किताबवाला : ख़ूब याद आया! मियाँ 'नज़ीर' के एक शागिर्द हाल ही में मेरे पास आए, उनकी एक नज़्म लेकर कि क्या मैं उसे अपने रसूख़ से शाया[84] करवा सकता हूँ। अब भला बताइए, कौन पढ़ेगा मियाँ 'नज़ीर' का कलाम?

(तीन-चार आदमी स्टेज पर क़हक़हा लगाते हुए गुज़र जाते हैं।

ककड़ीवाला उनके पीछे दौड़ता है लोग निकल जाते हैं। ककड़ीवाला निराश हो जाता है)

शायर : साहब, एक ज़माना आनेवाला है कि यही बाज़ारी चीज़ें चलेंगी। होली या दीवाली पर कुछ तुकबंदी कर लीजिए, इल्मो-फ़ज़्ल की मेराज[85] पर पहुँच जाइएगा। यह तो ज़ौक़ का आलम है आजकल। अभी-अभी यह ककड़ीवाला मेरे पास दौड़ा हुआ आया और कहने लगा : 'साहब, मेरी ककड़ी पर नज़्म लिख दीजिए।' अब भला बताइए!

(बाहर से एक आवाज़)

एक आवाज़ : तुमसे एक बार कह दिया, नहीं चाहिए ककड़ी। दिमाग़ ख़राब हो गया है?

ककड़ीवाला : *(बाहर से)* नहीं मियाँ, वह बात यह है...

आवाज़ : बस, कह दिया न, मुझे ककड़ी ख़रीदनी है न मैं शे'र कह सकता हूँ। हमारा अपना क़ाफ़िया तंग[86] है। परेशान कर दिया!

(बर्तनवाले के यहाँ कुछ लोग जमा होते जा रहे हैं। इतने में हिजड़ों की एक टोली आती है जिसमें करीमन और चमेली भी हैं)

करीमन : अल्लाह की अमाँ, पीरों का साया! लड़के के अब्बा के हाथ का मैल। ऐ सदक़े जाऊँ, मैं तुम्हारे वारी! अल्लाह की अमाँ, पीरों का साया!

दर्ज़ी : रामू, अबे ओ रामू! अबे, घरवाली के पास कब तक घुसा बैठा रहेगा! अबे, बाहर निकल, यार-दोस्तों में आकर बैठ ज़रा। *(रामू खिलखिलाता हुआ बाहर आता है)* झेंपू कहीं का! क्या मिठाई नहीं खिलाएगा?

करीमन : अल्लाह की अमाँ, पीरों का साया! आज के दिन नया जोड़ा लूँगी। अल्लाह सारी उम्र पहनना-ओढ़ना नसीब करे। एक यह सत्तर और...

रामू : अरे, तुम लोग कहाँ डटे जा रहे हो? हटो, रास्ता दो।

करीमन : ऐ सदक़े जाऊँ। मैं तुम्हारे वारी। अल्लाह तुम्हारी सलामतियाँ

रखे। अरे ओ चमेली, अरी क्या चबूतरा ख़ानम बनी बैठी है! अरी, इधर आ, ख़ेला-ख़ब्तन[87] कहीं की।

रामू : अरे, तुम लोग जाओ। हटो यहाँ से। अरे, हटाओ रे इन साले हिजड़ों को यहाँ से।

चमेली : ऐ हय, आज के दिन यह डाँट-डपट कैसी! एक-एक ऐसी मोटी सुनाऊँगी जो न रखी जाए, न उठाई जाए। ऐ हय, कैसे लोग हैं! ओ करीमन, ऐ हय, कहाँ चली गई शरकारा[88] कहीं की! *(करीमन को देखकर)* अरी, तू कहाँ है हवाई दीदा? जब से गला फाड़े डाल रही थी, अब मुँह क्या तक रही है, गाती क्यों नहीं?

करीमन : ऐ, अल्लाह लड़के को सलामत रखे। दूधों नहाये, पूतों फले! अल्लाह की अमाँ, पीरों का साया! आज नहीं गाऊँगी तो कब गाऊँगी? चल तू सीटियाँ शुरू कर!

रामू : अबे, तेरी ऐसी-तैसी। ख़बरदार जो सीटियाँ गायीं।

चमेली : ऐ करीमन, तुझे ख़ुदा की सँवार। कहीं शामत ने तो धक्का नहीं दिया है। अरी, कोई अच्छी चीज़ गा, ये मुई सीटियाँ ही रह गयी हैं।

पंसारी : रामू पहले तू गा।

सब : हाँ रामू, शुरू कर।

(बर्तनवाला मटका बजाकर गाता है)

बर्तनवाला : *कोरे बरतन हैं क्यारी गुलशन की*
जिससे खिलती है हर कली बन की
बूँद पानी की जब इनमें खनकी
क्या ही प्यारी सदा है सन-सन की
ताज़गी जी की और तरी तन की
वाह! क्या बात कोरे बरतन की!

दर्ज़ी : हाँ तो अब कोई धार्मिक चीज़ हो तो सुनाओ।

करीमन : जो हुक्म, सरकार! चमेली, ले सँभाल ढोलक!

(हिजड़े गाते हैं)

हिजड़े : *थे घर जो ग्वालिनों के लगे घर से जा-ब-जा*

जिस घर को ख़ाली देखा उसी घर में जा फिरा
माखन, मलाई, दूध, जो पाया सो खा लिया
कुछ खाया, कुछ ख़राब किया, कुछ गिरा दिया
ऐसा था बाँसुरी के बजैया का बालपन
क्या-क्या कहूँ मैं किशन कन्हैया का बालपन

माता जसोदा उनकी बहुत करतीं मिनतियाँ
और कान्हा को डरातीं उठा बन की संटियाँ
जब कान्हा जी जसोदा से करते यही बयाँ
तुम सच न जानो माता, ये सारी हैं झूठियाँ
ऐसा था बाँसुरी के बजैया का बालपन
क्या-क्या कहूँ मैं किशन कन्हैया का बालपन

इक रोज़ मुँह में कान्हा ने माखन झुका दिया
पूछा जसोदा ने तो वहीं मुँह बना दिया
मुँह खोल तीन लोक का आलम दिखा दिया
इक आन में दिखा दिया और फिर भुला दिया
ऐसा था बाँसुरी के बजैया का बालपन
क्या-क्या कहूँ मैं किशन कन्हैया का बालपन

(दारोग़ा आता है। उसे देखकर सभी इधर-उधर बिखर जाते हैं। दुकानदार अपनी-अपनी दुकानों में सँभल जाते हैं।)

दारोग़ा : *(किताबवाले की दुकान पर आकर)* मौलाना, किनारी बाज़ार में यह दंगा-फ़साद किस बात पर हुआ था?

किताबवाला : *(खड़े होकर)* तस्लीमात अर्ज़ करता हूँ। अजी दारोग़ा साहब, यह तो आए दिन की बात है। कोई-न-कोई हंगामा शहर में होता ही रहता है। कुँजड़ों में लड़ाई हो गयी साहब, और क्या!

दारोग़ा : अभी-अभी मुझे रपट मिली है कि दुकानदारों में आपस में बहुत झगड़ा हुआ, इसी चौराहे पर।

किताबवाला : अजी, वह एक ककड़ी बेचनेवाले की सब शरारत थी। दुकानदार बेचारे मुफ़्त में पिसे।

दारोग़ा : बहरहाल, फ़ैसला यह हुआ है कि एक-एक रुपया हर दुकानदार से जुर्माना वसूल किया जाए।

किताबवाला : आप तशरीफ़ रखिए। *(पानवाले से)* अरे मियाँ मुन्ने ख़ाँ, ज़रा उम्दा-से पान लगा देना दारोग़ा साहब के लिए। साहब, मुझे झगड़े-फ़साद से क्या लेना-देना? मैंने आपसे अर्ज़ किया ना, यह फेरी लगानेवाले रज़ीलों का सारा झगड़ा था।

दारोग़ा : जी हाँ, जुर्माना उनसे भी वसूल किया जाएगा।

किताबवाला : आप पान तो नोश फ़रमाइए।

दारोग़ा : फिर कभी हाज़िर हूँगा। *(आगे बढ़ ज़ाता है)*

तज़किरानवीस : आख़िर हुआ क्या था?

दारोग़ा : *(तरबूज़ वाले से)* यह ककड़ीवाला कौन था और इस वक़्त कहाँ है?

तरबूज़वाला : यहीं होगा, हुज़ूर। आता ही होगा। उसी बदमाश ने बलवा कराया था।

दारोग़ा : हाँ, हाँ, वह मुझे सब मालूम है। शरारत तुम सबकी है, जुर्माना तुम सबको देना होगा। थाने आकर रुपया दाख़िल कर दो।

लड्डूवाला : सरकार, एक आदमी के पीछे हम सब ग़रीब क्यों मुफ़्त में मारे जायें? उसी ने हम सबकी टाँग ली थी। बात-बात में झगड़ा खड़ा कर दिया।

दारोग़ा : ख़ैर, वह भी मालूम हुआ जाता है कि फ़साद की जड़ कौन था। तफ़तीश जारी है।

(एक तरबूज़ उठाकर उछालता है और उसे हाथ में लिये बाहर चला जाता है)

लड्डूवाला : लो, यह मख़रेज़ देखो! ज़रा सोफ़्ता[89] हुआ तो यह आन टपके। गेहूँ के साथ घुन भी पिसा।

तरबूज़वाला : कर्मों का फल है, भैया। ज़िंदगी है तो भुगतना होगा।

('नज़ीर' की नवासी, एक नौ-दस बरस की लड़की गाती हुई आती है)

नवासी : *ऐसा था बाँसुरी के बजैया का बालपन*
क्या-क्या कहूँ मैं किशन कन्हैया का बालपन
(पंसारी की दुकान पर आकर) चाचा, नाना ने आम का अचार मँगाया है।

पंसारी : कहाँ हैं मियाँ नज़ीर! शहर में अंधेर हो रहा है, उनसे कहो इस ज़ुल्म पर भी एक कविता लिखें। बैठे-बिठाये हम लोगों पर एक रुपल्ली जुर्माना हो गया।

नवासी : नाना राय साहब के यहाँ बैठे हैं।

पंसारी : राय साहब ने खाने पर बिठा लिया होगा, और क्या!

नवासी : मैं बताऊँ? राय साहब ने नाना के लिए बेसन की रोटी पकवायी है।

पंसारी : अच्छा, इसीलिए अचार की याद आई। उनसे कहना, ज़रा इधर तशरीफ़ लाएँ। *(अचार देते हुए)* यह लो।

नवासी : *क्या-क्या कहूँ मैं किशन कन्हैया का बालपन*

(नवासी चली जाती है)

हमजोली : मौलाना, आपकी नज़र में मियाँ 'नज़ीर' शायरों में क्या हैसियत रखते हैं!

तज़किरानवीस : *(एक किताब देखते हुए)* भई, बहुत बाग़ो-बहार आदमी हैं। खुशमिज़ाज, शगुफ़्ता-उफ़्ताद[90], हर शख्स से हँसकर मिलने वाला, किसी का दिल न दुखाने वाला, ऐसा कि शायद जिसकी मिसाल दुनिया में मुश्किल से मिलेगी। लेकिन शायरी—आँ चीज़े दीगर अस्त[91]। फोहशकलामी[92], हर्जागोई[93], इब्तज़ाल[94] और आमियाना मज़ाक़[95] की तुकबंदी को हमने शे'र नहीं माना। मियाँ 'नज़ीर' को शायर मानना उन पर बहुत बड़ा बुहतान होगा। शोअरा के तज़किरे में उनकी कोई जगह नहीं।

(तरबूज़वाला उठकर धीरे-धीरे आवाज़ लगाता हुआ बाहर चला जाता है। लड़की वापस आती है)

नवासी : क्या-क्या कहूँ मैं किशन कन्हैया का बालपन *(पंसारी से)* चाचा, नाना ने अचार वापस कर दिया।

पंसारी : क्यों?

लड़की : *(हँसी दबाते हुए)* यह पढ़ लीजिए।

(पंसारी पर्चा पढ़ता है। दोना लड़की के हाथ से लेकर देखते हैं और बड़े जोर का क़हक़हा लगाते हैं। लड़की भाग जाती है)

रामू : क्या बात है, लालाजी?

पंसारी : सुनो, मियाँ 'नज़ीर' ने एक नयी नज़्म कही है :

फिर गर्म हुआ आनके बाज़ार चूहों का
हमने भी किया ख़्वानचा तैयार चूहों का
सर-पाँव कुचल-कूटके दो-चार चूहों का
जल्दी से कचूमर-सा किया चार चूहों का
क्या ज़ोर मज़ेदार है अचार चूहों का!
अव्वल तो चूहे छाँटे हुए क़द के बड़े हैं
और सेर सवा सेर के मेढक भी पड़े हैं
चख देख, मेरे यार, ये अब कैसे कड़े हैं
चालीस बरस गुजरे हैं तब ऐसे सड़े हैं
क्या ज़ोर मज़ेदार है अचार चूहों का!
आगे जो बनाया तो बिका बीस रुपये सेर!
बरसात में बिकने लगा पच्चीस रुपये सेर
जाड़ों में यह बिकता रहा बत्तीस रुपये सेर
और होलियों में बिकता है चालीस रुपये सेर
क्या ज़ोर मज़ेदार है अचार चूहों का!

(हँसी से बेक़ाबू हो जाता है और दोने में से मसाले से लथपथ एक मरा हुआ चूहा निकालता है)

(साले चूहों काक अचार का इतना शौक़!)

(पंसारी, बर्तनवाला और दर्ज़ी वग़ैरह हँसते हैं)

शायर : सुन लिया, हुज़ूर, यह है मियाँ 'नज़ीर' का मेआरे-सुखन[96]!

किताबवाला : ताज्जुब तो इस बात पर है कि मियाँ 'नज़ीर' शरीफ़ घराने के आदमी हैं। जाहिल और गदागर[97] उनकी चीज़ें गाते फिरते हैं। उन्हें अपना न सही, अपने ख़ानदानवालों की इज़्ज़त का तो ख़्याल होना चाहिए।

तज़किरानवीस : साहब जिस शख़्स की तमाम उम्र पतंगबाज़ी, मेले-ठेलों की सैर, आवारागर्दी और क़मारबाज़ी[98] में गुज़री हो उसे क्या शर्मो-हया!

शायर : अब तो ख़ैर आख़िरी उम्र में एक सूफ़ी-साफ़ी की जिंदगी बसर करने लगे हैं। 'इस्मते-बीबीस्त अज़ बेचादरी[99] की मिसाल है।

वरना सुना है, अहदे-शबाब में यह आलम था कि बाज़ार के लौंडों के साथ गाते-बजाते और कोठों के चक्कर लगाते थे। होली के दिनों में बाक़ायदा रंग खेलते और हर रस्म में शरीक होते।

किताबवाला : अब भला बताइये, इन सूफ़ियाना तर्ज़ के गानों को, जो सड़कों पर भीख माँगनेवाले गाते फिरते हैं, अगर शे'र कह दिया जाए तो क्या दुनियाए-शायरी पर ज़ुल्म न होगा?

(शाम हो रही है कोठे पर महफ़िल जमने लगी है। अंदर से शोहदा आता है। उसके पीछे बेनज़ीर आती है। एक-दो लोग आ चुके हैं। गाने के दौरान और लोग आते हैं। एक फ़कीर हरी कफ़नी पहने लंबी दाढ़ीवाला आता है। हाथ में जलते हुए लोबान की थाली है। उसका धुआँ कमरे में फैलाता है और लोबान एक तरफ़ रखकर एक कोने में दुबककर बैठ जाता है। इसी तरह एक आदमी फूलों के गजरे छड़ी पर लिये हुए आता है और अपने हाथ से तमाशबीनों की कलाइयों पर गजरे बाँधता है और पैसे वसूल करता है)

शोहदा : "ऐ गुल-अंदाम, दिल-आराम, परीज़ाद सनम," बाक़ायदा तआर्रुफ़ तो हो चुका, अब कुछ सुनाओ।

बेनज़ीर : जो हुक्म! क्या सुनाऊँ!

शोहदा : ऐसी परी छम सीमतन[100] कम देखी होंगी। सूरत की बेनज़ीर हो, आवाज़ की भी बेनज़ीर होगी। कुछ भी सुनाओ। कुछ फड़कती हुई आप-बीती सुनाओ तो कैसी रहे?

तमाशबीन : *(आते हुए)* आदाब बजा लाता हूँ!

बेनज़ीर : की हाल ऐ?

तमाशबीन : *कल 'नज़ीर' उसने यह पूछा बज़बाने-पंजाब*
यह विच मेंडी ऐ की हाल तुसा दिल दे मियाँ
जोड़ हथ हमने केहा हाल असाडे दिल दा
तुसी सब जानदी हो जी, असी की अरज कराँ

बेनज़ीर : *(हँसते हुए)* अच्छा तो मियाँ 'नज़ीर' की एक चीज़ सुनिये। मेरी आप-बीती समझकर ही सुनियेगा और यह कुछ ग़लत भी

नहीं है।

ख़ूँरेज़ करिश्मा, नाज़ सितम ग़मज़ों की झुकावट वैसी है।
मिज़ग़ाँ की सिनां, नजरों की अनी, अबरू की खिंचावट वैसी है
अय्यार नज़र, मक्कार अदा, तेवरी की चढ़ावट वैसी है
कत्ताल निगाह, और दुष्ट ग़ज़ब आँखों की लगावट वैसी है
पलकों की झपक, पुतली की फिरत सुरमे की घुलावट वैसी है
बेदर्द सितमगर, बे-परवा, बेकल, चंचल, चटकीली-सी
दिल सख़्त क़यामत पत्थर-सा, और बातें नर्म रसीली-सी
डारों की बान रंगीली-सी, काजल की आन कटीली-सी
वो आँखें मस्त नशीली-सी, कुछ काली-सी कुछ पीली-सी
चितबन की दग़ा, नज़रों की कपट, सीनों की लड़ावट वैसी है
जो ऐसा हुस्न का दरिया हो, किस तौर न लहरों में बहिये
गर मेहर-ए-मुहब्बत हो बेहतर, और जौरो-जफ़ा[101] हो तो सहिये
दिल लोट गया है ग़श खाकर, बस और तो आगे क्या कहिये
मिल जायें 'नज़ीर' ऐसी जो परी, छाती से लिपटकर सो रहिये
बोसों की चिपक, बग़लों की लिपट सीनों की मिलावट वैसी है

(गाने के दौरान दारोग़ा भी आ जाता है। बेनज़ीर इशारे से सलाम करती है। दारोग़ा जीती रहो! कहकर बैठ जाता है।)

शोहदा : वाह-वाह! कैसी अच्छी आप-बीती सुनायी है। यह मियाँ 'नज़ीर' भी अजब करिश्मों के आदमी हैं। क्या आपके यहाँ उनका आना-जाना है?

बेनजीर : जी हाँ, लेकिन इधर एक मुद्दत से तशरीफ़ नहीं लाये। क्या आपकी उनसे मुलाक़ात है?

शोहदा : नहीं साहब, पर उनकी यह चीज़ सुनकर मुलाक़ात की ख़्वाहिश पैदा होती है। ख़ैर, इस वक़्त तो आपकी मुलाकात के आगे सारी दुनिया हमारे सामने हेच है!

(लोग इशारा पाकर उठ रहे हैं। दारोग़ा बेनज़ीर को एक तरफ़ बुलाता है)

दारोग़ा : ज़रा एक बात सुनो! क्या अंदर जाने की इजाज़त नहीं?

बेनज़ीर : सर-आँखों पर लेकिन इस वक़्त मेरी तबीयत नासाज़ है।

दारोग़ा : दर्दे-सर हो तो हम सर दबा दें। दर्दे-दिल हो तो उसका इलाज कर दें। दर्द कहीं और हो तो वहाँ मरहम रख दें।

बेनज़ीर : कल तशरीफ़ लाइएगा, ज़रूर।

दारोग़ा : मैं तो अभी चाहूँगा।

बेनज़ीर : ऐ, ऐसी क्या ज़बरदस्ती है, दारोग़ा साहब। इस वक़्त इसका मौक़ा नहीं, फिर कभी तशरीफ़ लाइएगा।

दारोग़ा : मुझे चराती हो! यह कौन रक़ीबे-रूसियाह[102] बैठा है? इशारा करो तो धक्के देकर निकलवा दूँ।

शोहदा : *(उठते हुए)* अमाँ, यह क्या बक-बक है!

दारोग़ा : आप कौन ज़ाते-शरीफ़ हैं? कोई नयी चिड़िया मालूम होती है। बरखुरदार, अभी तुम हमें पहचानते नहीं हो।

शोहदा : भाँप रहा हूँ। मौक़ा दीजिए तो अभी पहचाने लेता हूँ। आइए, हो जाये दो-दो हाथ।

बेनज़ीर : अय हय, यह क्या तमाशा है! आप मेरे मिलने-जुलनेवालों से इस तरह कलाम कीजिएगा?

शोहदा : माफ़ी चाहता हूँ। हुज़ूर मुझे बख़्श दीजिए।

बेनज़ीर : बताइये, आप कब तशरीफ़ लाइएगा?

दारोग़ा : हम तो हज़ार दफ़ा आएँ, आप बुलायें भी!

बेनज़ीर : बुलायें तो लाख, आप आएँ भी! अब दाना डालना पड़ेगा।

दारोग़ा : भला सरकार को दाना डालने की क्या ज़रूरत है?
गंदुमी रंग भी है, जुल्फ़-ए-स्यहफ़ाम[103] भी है।

बेनज़ीर : हुजूर गरदान मालूम होते हैं।

शोहदा : अच्छा, खुदा हाफ़िज़!

दारोग़ा : अजी, यहाँ गरदान को कौन गरदाने है! इस कूचे में तो परकैंच[104] रखे जाते हैं। ख़ुदा हाफ़िज़!

बेनज़ीर : आदाब!

(दारोग़ा नीचे उतर जाता है)

शोहदा : *(अंदर मुड़ते हुए)* अजब चोंच है!

बेनज़ीर : जानते नहीं, शहर का दारोग़ा है। आप भी कमाल करते हैं।

शोहदा : दारोग़ा है तो क्या मुझे घोलकर पी जाएगा!

बेनज़ीर : अच्छा, बस अब आइए।

(दोनों अंदर चले जाते हैं)

दारोग़ा : *(बाज़ार में ककड़ीवाले के पास आकर)* इतनी देर कहाँ रहा तू?

ककड़ीवाला : फेरी पर था, हुज़ूर।

दारोग़ा : तुम लोग शोहदेपन पर उतर आए हो?

ककड़ीवाला : सरकार, मेरा कोई क़सूर नहीं। वह लड्डूवाला मुझे मारने के लिए खड़ा हो गया था।

दारोग़ा : मेरे आदमी तहक़ीक़ कर रहे हैं कि झगड़े की बुनियाद कौन आदमी था। तुम जुर्माना थाने में दे आओ।

ककड़ीवाला : दारोग़ाजी, सवेरियों से कुछ नहीं बेचा है। सोने से पहले छदाम दो छदाम की ककड़ी बिक गयी तो रोज़ी, नहीं तो रोज़ा।

(दारोग़ा चला जाता है)

शायर : साहब, पहली इशाअत[105] में कितनी कापियाँ छापी जाएँ?

किताबवाला : यही कोई पाँच सौ, और क्या।

शायर : मौलाना, किताब की इशाअत के सिलसिले में मेरे कुछ ज़ाती मराहिल[106] हैं। बराहे-करम अगर मुझे पाँच-एक रुपये पेशगी इनायत हो जाते तो बड़ी बे-फ़िक्री हो जाती।

किताबवाला : अरे साहब, क्या आपको मालूम नहीं! अब तो मुसन्निफ़[107] अपनी लागत पर किताब छपवाता है। मैं ख़ुद अपनी नयी किताबें 'करीमा', 'मा-मुक़ीमा' और 'आमदनामा' वग़ैरह लिये बैठा हूँ, छापने की तौफ़ीक़ नहीं। आप ऐसा क्यों नहीं करते, चौधरी गंगाप्रसाद से आपकी मुलाक़ात भी है और वह आपके मददाह[108] भी हैं। उनके साझे से किताब छपवाने का इंतज़ाम कर लीजिए।

शायर : आप यों क्यों नहीं करते, आप ख़ुद उनसे बात करें। वह मुझे भी जानते हैं और आपके कहने से इनकार भी नहीं करेंगे और अगर इनकार किया तो बात छिपी रहेगी। उनसे जो रकम आपको मिले उसमें से पाँच रुपये मुझे दे दीजिए।

किताबवाला : क़बाहत[109] यह है कि एकाध बार मैंने उनसे सरमाया तलब किया था और वह बात टाल गए थे। आप पहली बार माँगेंगे,

आपकी बात वह कभी रद्द न करेंगे। इसीलिए मैं कह रहा हूँ आप ज़िक्र छेड़कर तो देखिए। सबसे अच्छा तो यह हो कि अगर वह तैयार हो जाते हैं और रुपया आपके हाथ में आता है तो उसमें से थोड़ी-सी रक़म मेरे हिस्से की आप मुझे मरहमत[110] फरमायें ताकि मैं साथ-साथ अपनी किताब भी छपवाने की फ़िक्र करूँ। मेरी किताब पर ज़्यादा नहीं, यही कोई दस-बारह रुपये की लागत आएगी।

शायर : बेहतर!

(फ़क़ीर गाते हुए आते हैं)

फ़क़ीर : *पैसे ही का अमीर के दिल में ख़्याल है*
पैसे ही का फ़क़ीर भी करता सवाल है
पैसा ही फ़ौज, पैसा ही जाहो-जलाल[111] है
पैसे ही का तमाम यह रंगो-जमाल[112] है
पैसा ही रंग-रूप है, पैसा ही माल है
पैसा न हो तो आदमी चर्ख़े की माल है

पैसे के ढेर होने से सब सेठ-साठ हैं
पैसे के ज़ोर-शोर हैं, पैसे के ठाठ हैं
पैसे के कोठे-कोठियाँ छः-सात-आठ हैं
पैसा न हो तो पैसे के फिर साठ-साठ हैं
पैसा ही रंग-रूप है, पैसा ही माल है
पैसा न हो तो आदमी चर्ख़े की माल है

तेग़ो-सपर[112] उठाते हैं पैसे की चाट पर
तीरो सिनाँ[113] लगाते हैं पैसे की चाट पर
मैदान में जख़्म खाते हैं पैसे की चाट पर
याँ तक कि सर कटाते हैं पैसे की चाट पर
पैसा ही रंग-रूप है, पैसा ही माल है
पैसा न हो तो आदमी चर्ख़े की माल है

दुनिया में दीनदार कहाना भी नाम है
पैसा जहाँ के बीच वह क़ायम मुक़ाम है
पैसा ही जिस्मो-जान है, पैसा ही काम है

पैसे ही का 'नज़ीर' यह आदम गुलाम है
पैसा ही रंग-रूप है, पैसा ही माल है
पैसा न हो तो आदमी चर्ख़े की माल है

(फ़क़ीर बाहर चले जाते हैं। ककड़ीवाला इस नज़्म के दौरान अंदर आता है और पीछे खड़े होकर बहुत ग़ौर से नज़्म सुनता है)

ककड़ीवाला : *(बड़ी हसरत से)* मेरी ककड़ी पर कोई नज़्म नहीं लिख देता। *(बाहर जाने लगता है, लेकिन यकायक कुछ सोचकर चौंक पड़ता है और आवाज़ लगाता है।)* शाह साहब! *(आवाज़ लगाता हुआ दाएँ रास्ते से भाग जाता है, मगर फ़ौरन ही वापस आता है और आवाज़ लगाता हुआ बाएँ रास्ते से बाहर चला जाता है)* शाह साहब! शाह साहब!

(फ़क़ीर गाते हुए वापस आते हैं। ककड़ीवाला फिर अंदर आता है और आवाज़ लगाता है, मगर फ़क़ीर निकल जाते हैं। ककड़ीवाला सर पकड़कर बैठ जाता है। फ़क़ीरों का गाना अब तक हवा में गूँज रहा है कि पर्दा तेज़ी से गिरता है)

अंक दो

(पर्दा उठने से पहले फ़कीर उसी तरह हॉल में से गुज़र कर पर्दे के सामने खड़े होकर 'बंजारानामा' सुनाते हैं। आख़िरी बंद पर पर्दा उठता है और फ़क़ीर गाते हुए मंच से चले जाते हैं)

फ़कीर : *टुक हिर्सो-हवा*[114] *को छोड़ मियाँ, मत देस-बिदेस फिरे मारा*
क़ज़्ज़ाक़ अजल का लूटे है दिन-रात बजाकर नक़्क़ारा
क्या बधिया, भैंसा, बैल, शुतुर, क्या गोई, पल्ला, सरभारा
क्या गेहूँ, चावल, मोठ, मटर, क्या आग, धुआँ क्या अंगारा
सब ठाठ पड़ा रह जावेगा, जब लाद चलेगा बंजारा
गर तू है लक्खी बंजारा और खेप भी तेरी भारी है
ऐ ग़ाफ़िल, तुझसे भी चढ़ता इक और बड़ा ब्यौपारी है
क्या शक्कर, मिसरी, क़ंद, गरी, क्या साँभर, मीठा, खारी है
क्या दाख़, मुनक्क़ा, सोंठ, मिरच, क्या केसर, लौंग, सुपारी है
सब ठाठ पड़ा रह जावेगा, जब लाद चलेगा बंजारा
जब चलते-चलते रस्ते में यह गोन तेरी रह जावेगी
इक बधिया तेरी मिट्टी पर फिर घास न चरने आवेगी
यह खेप जो तूने लादी है, सब हिस्सों में बँट जावेगी
घी, पूत, जंवाई, बेटा क्या, बंजारन पास न आवेगी
सब ठाठ पड़ा रह जावेगा, जब लाद चलेगा बंजारा
क्यों जी पर बोझ उठाता है इन गोनों भारी-भारी के
जब मौत का डेरा आन पड़ा, फिर दूने हैं ब्यौपारी के
क्या साज़ जड़ाऊ, ज़र-ज़ेवर, क्या गोटे थान किनारी के

क्या घोड़े ज़ीन सुनहरी के, क्या हाथी लाल अमारी के
सब ठाठ पड़ा रह जावेगा, जब लाद चलेगा बंजारा
हर आन नफ़े और टोटे में क्यों मरता फिरता है बन-बन
टुक ग़ाफ़िल दिल में सोच ज़रा, है साथ लगा तेरे दुश्मन
क्या लौंडी, बाँदी, दाई, ददा, क्या बंदा, चेला नेकचलन
क्या मंदिर, मस्जिद, ताल, कुएँ क्या घाट, सरा[115] क्या बाग़-चमन
सब ठाठ पड़ा रह जावेगा, जब लाद चलेगा बंजारा
जब मर्ग[116] फिराकर चाबुक को, यह बैल बदन का हाँकेगा
कोई नाज़ समेटेगा तेरा, कोई गोन सिए और टाँकेगा
हो ढेर अकेला जंगल में, तू ख़ाक लहद की फाँकेगा
इस जंगल में फिर आह 'नज़ीर', एक भनगा आन न झाँकेगा
सब ठाठ पड़ा रह जावेगा, जब लाद चलेगा बंजारा

(फ़क़ीर चले जाते हैं। सुबह हो रही है। कुछ दुकानदार आ चुके हैं। कुछ दुकानें खोल रहे हैं। फेरीवाले आवाज़ लगा रहे हैं)

ककड़ीवाला : आज सुबह-ही-सुबह सिपाही बाज़ार में क्यों चक्कर लगा रहे हैं बे?

तरबूज़वाला : कहाँ? हमने तो कोई सिपाही नहीं देखा।

लड्डूवाला : अबे कालिए, तुझे पकड़ने के लिए आए होंगे।

(शायर और हमजोली किताबवाले की दुकान पर आते हैं)

ककड़ीवाला : अबे, आने दे, तुझे क्या पड़ी है! मैं तो कहता हूँ, अच्छा है साले पकड़ ले जाएँ। पेट पर पत्थर बाँधे दिन-भर टाँगें तोड़ता रहता हूँ। इससे अच्छा है हवालात में बैठो, आराम से खाओ, मौज करो। जलनेवाले जला करें!

किताबवाला : चौधरी गंगाप्रसाद साहब ने कुछ और नहीं कहा आपसे?

शायर : उन्होंने इशारे में बात कही। मैं समझ गया कि यह मौक़ा मुनासिब नहीं।

किताबवाला : आख़िर उन्होंने कुछ तो जवाब दिया होगा?

शायर : मैंने अर्ज़ किया ना, मैंने उनसे दिवान की इशाअत के सिलसिले में आपका ज़िक्र छेड़ा ही था कि उन्होंने फ़ौरन मेरी बात

काटकर कहा कि वह ख़ुद आपसे मिलकर पहले कुछ पुराने मामलात पर गुफ़्तगू कर लें, फिर किसी नई किताब के मुताल्लिक़ ग़ौर करेंगे।

किताबवाला : आपने मेरा ज़िक्र ही क्यों किया?

शायर : और क्या करता?

किताबवाला : अरे साहब, मैं उनका मुद्दत से क़र्ज़दार हूँ। इसीलिए तो मैंने आपसे कहा था कि अपने किताब का आप खुद ज़िक्र छेड़िए।

(पतंगवाला तोते का पिंजरा हाथ में लिए गुनगुनाता हुआ आता है और दुकान खोलता है)

पतंगवाला : *कुछ वार पैरते हैं, कुछ पार पैरते हैं*
इस आगरे में क्या-क्या ऐ यार पैरते हैं
मुबारक हो, रामू। सुना है, तेरे 'हाँ लड़का हुआ और ख़ूब ढोलक बजी।

बर्तनवाला : अरे भैया, तुम कहाँ चले गए थे?

पतंगवाला : मैं गया था मियाँ 'नज़ीर' के साथ तैराकी का मेला देखने। वापस आता हूँ तो क्या देखता हूँ कि दुकान पर जुर्माना हो गया है। अमाँ यार, यह बैठे-बिठाए अच्छी चपत पड़ी।

बर्तनवाला : तुम कह देना, मेरी दुकान तो बंद थी। गवाह मौजूद हैं। मैं गवाही दे दूँगा।

पतंगवाला : कौन सुनता है तुम्हारी दाद-फ़रियाद?

(तज़किरानवीस किताबवाले की दुकान पर आता है)

यह आए, देखिए, दाढ़ी लगाए सन की-सी

(दोनों हँसते हैं)

बर्तनवाला : *(पतंगवाले के पास बर्फ़ी लेकर आता है)* लो, बर्फ़ी खाओ। लो, खाओ थोड़ी-सी। बहुत मीठी है। लब चिपकते हैं। तोता साथ लेकर तैरने गए थे क्या?

पतंगवाला : पिंजरा हाथ में उठाए दरिया पार करता हूँ, क्या समझते हो! उफ़, जमुना के अंदर छतरी से लेकर बुर्जे-ख़ूनी और दारा के चबूतरे तक बल्कि उससे भी आगे आदमी छकाछक भरे हुए थे। हर तरफ़ लोगों के सर ही सर! मालूम होता था, तरबूज़

तैर रहे हैं। थाली छोड़ो तो सरों पर जाए। पर, यार, ग़ज़ब करते हैं अपने आगरेवाले भी! यार लोग हुक़्क़ा पीते दरिया पार करते हैं। भई, हद हो गई!

किताबवाला : सुन लिया, हुज़ूर, आपने। मियाँ 'नज़ीर' दरिया-किनारे नीम-उरियाँ[116] परियों का तमाशा देखने गए थे। पीरी[117] में भी वही आलम है।

तज़किरानवीस : बुढ़ापा इंसान का मिज़ाज तो नहीं बदल देता। पुरानी आदतें हैं, कैसे छूटेंगी? ज़ोर था तो ख़ुद तैरते थे। अब अगले ज़माने की याद और उन यादों की हसरत लिए जमुना-किनारे खिंचे चले जाते हैं कि जो खुद नहीं कर सकते वो दूसरों को करता देखकर हविस पूरी कर लें।

हमजोली : साहब, लेकिन यह तैराकी का मेला होता बड़ा काफ़िर है। और यह बहार आगरे ही में है। कितना हसीन, कितना शायराना मंज़र होता है। सच पूछिए तो जी मेरा भी बहुत चाहता है कि शिरकत भी करूँ और ऐसे हसीन मौज़ू पर शे'र भी कहूँ। बस यह समझ में नहीं आता कि क्योंकर?

शायर : बस इस तरह कहना शुरू कर दीजिए :

कुछ वार पैरते हैं, कुछ पार पैरते हैं
इस आगरे में क्या-क्या ऐ यार पैरते हैं

(सब हँसते हैं)

हमजोली : इस मौज़ू पर सही मानों में भी तो शे'र कहा जा सकता है?

शायर : तैराकी पर?

हमजोली : क्यों नहीं?

शायर : वह क्योंकर?

हमजोली : यही अगर समझ में आ जाता तो कह न देता शे'र।

शायर : जिस मौज़ू पर आप शे'र नहीं कह सकते उसे शायराना मौज़ू ठहराना क्या मानी?

हमजोली : मैंने तो सिर्फ़ इतना कहा कि जी चाहता है, यह तो नहीं कहा कि इस पर शे'र कहना आसान या मुमकिन है।

शायर : जिस मौज़ू पर शेर कहना मुमकिन न हो उस पर शे'र कहने

की ख़्वाहिश कहाँ की अक़्लमंदी है!

लड्डूवाला : फिर तू मेरी जगह घुसा। अपने जिगरी कने जाके बैठ।

ककड़ीवाला : अबे, तेरा दिमाग़ तो नहीं चल गया? हवा से लड़ता रहता है!

(दो सिपाही पान की दुकान पर आते हैं और पान खाते हैं)

तरबूज़वाला : फिर से झगड़ा मत शुरू कर देना, भैया। नहीं तो टोकरी में फल का एक दाना बचेगा न सर पर एक बाल।

(उसी तरफ़ से एक लड़का हमीद आता है और पतंग की दुकान पर आता है)

हमीद : कल कहाँ ग़ायब हो गए थे?

पतंगवाला : साहब, ज़रा तैराकी का मेला देखने चले गए थे।

हमीद : हम यह समझे, बस अब पतंग-वतंग बेचना छोड़ दिया आपने।

पतंगवाला : भला पतंगबाज़ी और पतंग-फ़रोशी हमसे छूट जाए, अजी तौबा कीजिए! कहिए, आपको कौन-सी पतंग चाहिए? हर रंग, हर नौअ, हर मज़ाक़, हर बहार की पतंगें मौजूद हैं, हुज़ूर, कौन-सी पतंग लीजिएगा? दोधारिया, गिलहरिया, पहाड़िया, दोबाज़, ललपरा, घायल, लँगोटिया, चाँद-तारा, बगुला, दोपन्ना, ख़रबूज़िया, पेंदीपान, दोकोनिया, कलसरा, ककड़ी, चौघड़ा, बाजरा, कजकुलाह, चमचका, तुक्कल, झँजाव, माँगदार...

हमीद : बस भई बस, नाम तक नहीं सुने इन पतंगों के अपनी ज़िंदगी में।

पतंगवाला : फिर क्या पतंग उड़ाते हैं आप?

हमीद : उड़ा लेते हैं थोड़ी-बहुत। आप तो हमें सीधा-सादा दोधारिया दे दीजिए।

पतंगवाला : दोधारिया लीजिए।

हमीद : दाम?

पतंगवाला : पच्चीस कौड़ी।

हमीद : यह लीजिए।

(हमीद पतंग लेकर बाहर चला जाता है)

किताबवाला : *(हमीद से)* ऐ मियाँ, ज़रा इधर आना, लड़के! *(लड़का चला जाता है। मौलवी साहब लपकते हैं।)* ज़रा बात सुनना, मियाँ।

(मौलवी साहब दुकान पर वापस आ जाते हैं। कुछ देर बाद हमीद भी आता है।) बैठो! *(मौलवी साहब हाथ से अपने पास बैठने का इशारा करते हैं। लड़का उनसे दूर हटकर बैठता है)* हमीद नाम है न तुम्हारा?

हमीद : जी!

किताबवाला : *(तज़किरानवीस से)* मौलाना! ज़रा इस लड़के के मुँह से उस्तादों का कलाम सुनिए। जैसी शक्ल पाई है बख़ुदा वैसी ही आवाज़।

तज़किरानवीस : माशा-अल्लाह!

हमीद : क्या सुनाऊँ मौलाना?

किताबवाला : तुम्हें तो उस्तादों के पूरे-पूरे दीवान हिफ़्ज़[118] हैं। हमसे क्या पूछते हो, अपनी मर्ज़ी से सुनाओ।

तज़किरानवीस : हाँ, मियाँ!

हमीद : एक ग़ज़ल सुनाता हूँ।

(बड़े सुरीले ढंग से गाता है। दुकानदार अपनी दुकानें छोड़कर पास आ जाते हैं। राहगीर रुक जाते हैं)

क़ासिद, तू मेरा नाम तो लीजो न व लेकिन
कहना कोई मरता है तेरा चाहने वाला
जैसा कि वह हो मुझसे ख़फ़ा रूठ चला था
अल्लाह ने क्यों जब ही मुझे मार न डाला
शायद वही बन-ठनके चला है कहीं घर से
है यह तो उसी चाँद-सी सूरत का उजाला
सहरा में मेरे हाल पे कोई भी न रोया
गर फूट के रोया तो मेरे पाँव का छाला
औरों को जो गिरते हुए देखा तो लिया थाम
हम गिर भी पड़े तो भी न ज़ालिम ने सँभाला
हम तुझसे इसी रोज़ को रोते थे 'नज़ीर', आह,
क्यों तूने पढ़ा इश्क़ो-मुहब्बत का रिसाला

शायर : *(बड़े ताज्जुब से)* यह मियाँ 'नज़ीर' की ग़ज़ल है?

हमजोली : भई, क्या कहने हैं! हमें मियाँ 'नज़ीर' के इस कलाम की ख़बर

न थी।

किताबवाला : मियाँ, अगर आदमी ज़िंदगी-भर मश्क़ करता रहे तो एकाध शे'र हर किसी के 'हाँ निकल जाएगा, इसमें ताज्जुब की क्या बात है? हाँ मियाँ, कुछ और सुनाओ।

हमजोली : पर, साहब, उस्तादों की ज़मीन की ग़ज़ल है।

किताबवाला : उस्तादों की ज़मीन पर हल चलानेवाले घटिया शायर बहुत मिलते हैं।

हमजोली : लेकिन, साहब, इसमें कोई शक नहीं कि ग़ज़ल का रंग बहुत शुस्ता[119] और मँजा हुआ है।

तज़किरानवीस : सुनिए, 'मीर' इसी ज़मीन में कहते हैं :

देखे है मुझे दीदए-पुरख़श्म[120] से वह 'मीर'
मेरे ही नसीबों में था यह ज़हर का प्याला

और यह शे'र भी मुलाहज़ा फ़रमाएँ। 'छाला' का क़ाफ़िया बाँधा है...हा-हा-हा

गुज़रे है लहू वाँ सरे-हर-ख़ार[121] से अब तक
जिस दश्त में फूटा है मेरे पाँव का छाला

उस्ताद यों कहते हैं।

शायर : बेशक इस क़ाफ़िए में 'इंशा' का शे'र भी ख़ूब है। फ़रमाते हैं :

इतना तो फिरा वादिए-वहशत में कि मेरे
है पाए-नज़र में भी पड़ा अश्क का छाला

हमजोली : लेकिन साहब 'नज़ीर' का शे'र भी अपनी जगह लुत्फ़ से ख़ाली नहीं कि

सहरा में मेरे हाल पे कोई भी न रोया
गर फूट के रोया तो मेरे पाँव का छाला

शायर : 'सौदा' ने भी कही है इस ज़मीन में ग़ज़ल।

हमजोली : सैयद इंशा-अल्लाह की कोई चीज़ तुम्हें याद है, मियाँ?

किताबवाला : भई 'इंशा' और 'मुसहफ़ी' की मार्का-आराइयों[122] का जवाब नहीं है। खुसूसन वह ग़ज़ल '...शबे-दैजूर[123] की गर्दन' उसमें जो नोक-झोंक हुई है दोनों की। अजब लुत्फ़ रहता होगा, बखुदा, नवाब सआदत अली ख़ाँ के दरबार में भी।

तज़्किरानवीस : आप भी कब की बात कर रहे हैं, हज़रत। शबे-दैजूर की गर्दनवाला ज़माना गया। अब तो सैयद इंशा अल्लाह जैसे हँसोड़ के लब पर यही गिरया-व-ज़ारी[124] है :

कमर बाँधे हुए चलने को याँ सब यार बैठे हैं
बहुत आगे गए, बाक़ी जो हैं तैयार बैठे हैं

हमजोली : और अब तो सुना है कि 'आतिश' व 'नासिख़' की आवाज़ें गूँजी हैं लखनऊ में कि 'इंशा' व 'मुसहफ़ी' भी फीके पड़ गए। किस क़दर जानदार शायर है 'आतिश' भी! ज़ोरे-बयान देखिए, फ़रमाते हैं :

यह बज़्म वह है कि लाख़ैर का मुक़ाम नहीं
हमारे गंजफ़े में बाज़िए-गुलाम नहीं

शायर : और 'नासिख़' का जवाब भी खूब है :

जो ख़ास बंदे हैं वह बंदए-अवाम नहीं
हज़ार बार जो यूसुफ़ बिके, गुलाम नहीं

हमजोली : नहीं भई, यह ख़्वाह-म-ख़्वाह की लड़ाई है। शे'र .खूबसूरत है मगर तसन्नो-आमेज़[125]। वह सच्चाई, वह आग इसमें नहीं जो 'आतिश' के यहाँ है।

शायर : आप हुस्ने-जवाब देखिए, सच्चाई और आग क्या देख रहे हैं!

किताबवाला : आप लोग भी वही करने लगे, बखुदा, जो दिल्ली और लखनऊ के दरबारों में हमारे असातज़ा कर रहे हैं। अब यह बहस ख़त्म कीजिए और शे'र सुनिए! हाँ मियाँ!

हमीद : क्या सुनिएगा?

तज़्किरानवीस : (झुँझलाकर) जो जी चाहे सुनाओ।

पतंगवाला : 'नज़ीर' की वह नज़्म सुनाओ, 'तैराकी का मेला'। याद है?

हमीद : जी हाँ, सुनिए :

अदना, ग़रीब, मुफ़लिस, ज़रदार पैरते हैं
इस आगरे में क्या-क्या, ऐ यार, पैरते हैं
जाते हैं उनमें कितने पानी में साफ़ सोते
कितनों के हाथ पिंजरे, कितनों के सर पर तोते

(तज़्किरानवीस झुँझलाकर उठ खड़ा होता है और बग़ैर कुछ

कहे चला जाता है। सबको बड़ी हैरत होती है। महफ़िल पर एक सन्नाटा छा जाता है। बहुत-से रास्ता चलने वाले बड़े शौक़ से नज़्म सुनने के लिए रुक गए हैं। इस जमघट को देखकर मौलवी साहब बरस पड़ते हैं)

हमीद : *कितने पतंग उड़ाते, कितने मोती पिरोते*
हुक्क़ों का दम लगाते, हँस-हँसके शाद होते
सौ-सौ तरह का करकर बिस्सतार पैरते हैं
इस आगरे में क्या-क्या, ऐ यार, पैरते हैं

किताबवाला : बस करो, मियाँ! *(आवाज़ उठाकर)* आप लोग क्यों यहाँ जमा हो गए हैं साहब? कोई मदारी का खेल हो रहा है या प्रसाद बँट रहा है।

(भीड़ पीछे हट जाती है और एक सन्नाटा छा जाता है। ककड़ीवाला बाईं तरफ़ से अंदर आता है)

ककड़ीवाला : *(मुर्दा आवाज़ में) पैसे की छः-छः!*

(किताबवाला उसे गुस्से-भरी निगाहों से घूर रहा है। ककड़ीवाला, जो अब तक अनजान था, मौलवी साहब की निगाहों को देखकर अचानक चुप हो जाता है और भागकर दाएँ कोने में दुबक जाता है। पतंगवाला, जो भीड़ में सबसे आगे था, किताबवाले की दुकान की तरफ़ बढ़ता है)

पतंगवाला : इधर आना, मियाँ! *(लड़के का हाथ पकड़कर अपनी दुकान की तरफ़ ले जाता है)*

किताबवाला : लीजिए, हमने सोचा था खुश-गुलू लड़का है, मौलाना कलाम सुनकर खुश होंगे। मैं क्या जानता था कि वह यह बाज़ारी कलाम सुनाने लगेगा। आख़िर मौलाना नाराज़ होकर चल दिए।

हमजोली : लेकिन नज़्म तो .खूब थी, साहब!

शायर : जी हाँ! 'सौ-सौ तरह का करकर बिस्सतार पैरते हैं।' 'करकर'—इसे आप शायरी कहते हैं! यूँ मालूम होता है कि आदमी शे'र नहीं पढ़ रहा है, ककड़ियाँ खा रहा है।

हमजोली : लेकिन साहब, 'करकर' मुस्तेमल[126] है, असातज़ा ने बाँधा है।

शायर : चलिए, अब उठिए।

किताबवाला : माफ़ कीजिएगा।

शायर : इसमें आपका क्या क़सूर है, मौलाना! अच्छा, अस्सलाम-अलेकुम!

किताबवाला : वालेकुम-अस्सलाम!

(शायर और हमजोली चले जाते हैं। लोग अब पतंगवाले की दुकान पर जमा हो गए हैं)

अब कम्बख़त वहाँ जम गए।

(मौलवी साहब हिसाब-किताब में लग जाते हैं। पतंगवाला हमीद को अपनी दुकान में बिठाता है)

पतंगवाला : सुनो, मियाँ 'नज़ीर' कहते हैं :

क़िस्मत में गर हमारी यह मय है तो, साक़िया
बे-इख़्तियार हाथ से शीशा करेगा जस्त

पहले ही क्यों न बताया, यार कि तुम्हें मियाँ 'नज़ीर' का कलाम याद है?

हमीद : मैं पतंग ख़रीदने आया था, साहब, शेर सुनाने की ग़रज़ से तो आया नहीं था।

पतंगवाला : अरे यार, मगर यह तो जानते हो कितनी पुरानी याद-अल्लाह है हमारी मियाँ 'नज़ीर' से। उनका कलाम सुनाना था तो हमारी दुकान पर बैठकर सुनाते। वहाँ शे'र पढ़कर उनको भी बे-इज़्ज़त किया और हमें भी। वाह! इसी पर तो कहा है हज़रत 'नज़ीर' ने कि :

दिल-सा दुरे-यतीम बिका कौड़ियों के मोल
क्या कीजिए, ख़ैर, यह भी ख़रीदार के नसीब

अच्छा, सुनाओ कुछ अपनी आवाज़ से :

हमीद : आप फ़रमाइए, क्या सुनाऊँ?

पतंगवाला : वही नज़्म सुनाओ तैराकीवाली, और क्या!

कितने खड़े ही पैरें अपना दिखाके सीना
सीना चमक रहा है हीरे का ज्यूँ नगीना
आधे बदन पे पानी, आधे पे है पसीना

मर्दों का बह चला है गोया कि इक क़रीना
दामन कमर पे बाँधे दस्तार पैरते हैं
इस आगरे में क्या-क्या, ऐ यार, पैरते हैं
हर आन बोलते हैं सैयद कबीर की जय
फिर उसके बाद अपने उस्ताद पीर की जय
मोरो-मुकुट, कन्हैया, जमुना के तीर की जय
फिर ग़ोल के सब अपने .खुर्दो-कबीर की जय
हर दम यह कर.खुशी की गुफ़्तार पैरते हैं
इस आगरे में क्या-क्या, ऐ यार, पैरते हैं

(नज़्म के दौरान बहुत-से लोग जमा हो जाते हैं, जिनमें खोमचेवाले भी शामिल हैं)

पतंगवाला : वाह वाह! मियाँ यही कलाम तो दिल को लगता है। पर ज़माने ने क़द्र न की, यार, इस शायर की। कहता है :
न गुल अपना, न ख़ार अपना, न ज़ालिम बाग़बाँ अपना
बनाया, आह, किस गुलशन में हमने आशियाँ अपना

सब : वाह-वाह, क्या कहने हैं!

पतंगवाला : अच्छा, कोई चीज़ अपनी पसंद की सुनाओ।

(एक अंधा भिखारी कटोरा लिए एक औरत के साथ आता है)

अंधा भिखारी : *पहले नाँव गनेश का लीजे सीस नवाय*
जासे कारज सिद्ध हों, सदा महूरत लाय
बोल बचन आनंद के, पेम, प्रीत और चाह
सुन लो, यारो, ध्यान धर, महादेव का ब्याह
जोगी-जंगी से सुना, वह भी किया बयान
और कथा में जो सुना उसका भी परमान
सुनने वाले भी रहें हँसी-खुशी दिन-रैन
और पढ़ें जो याद कर, उनको भी सुख-चैन
और जिसने इस ब्याह की महिमा कही बनाय
उसके भी हर हाल में शिवजी रहें सुहाय
खुशी रहे दिन-रात वह, कभी न हो दिलगीर
महिमा उसकी भी रहे, जिसका नाम 'नजीर'

(भीड़ में एक आदमी हरी कफ़नी पहने खड़ा है और रो रहा है। पतंगवाला उसे पहचानकर उसकी तरफ़ लपकता है)

पतंगवाला : अरे, मंज़ूर हुसेन! *(मंज़ूर हुसेन मुँह फेर लेता है)* यह क्या हुलिया बना रखा है, मियाँ? क्या हाल है? *(फ़कीर चुप खड़ा रहता है)*

एक आदमी : इनको हमने तो कभी बात करते सुना नहीं।

बेनीप्रसाद : *(आगे बढ़कर)* तुम्हें नहीं मालूम? कोई एक बरस से इनका यही हाल है।

पतंगवाला : अमाँ बेनीप्रसाद, क्या कहा! क्या यह एक बरस से आगरे में हैं? यह तो घोड़ों की तिजारत करते थे, भाई। कोई चार बरस पहले घोड़े लेकर हैदराबाद की तरफ़ गए थे। उसके बाद से उन्हें आज देखा। अमाँ! मंज़ूर हुसैन!

(मंज़ूर हुसैन बाहर चला जाता है।)

बेनीप्रसाद : ताज्जुब है, तुमने इन्हें नहीं देखा। या शायद देखा हो तो पहचान न सके होगे। यही कुछ दिनों से चक्कर काट रहे हैं। एक तवायफ़ पर आशिक़ हैं।

पतंगवाला : यह चुप जो इन्हें लग गई है, और यह कफ़नी, दाढ़ी, फ़क़ीरी—क्या यह सब उसी इश्क़ का नतीजा है? मुझसे तो देखा नहीं गया, भाई। मंज़ूर हुसैन जैसा हँसमुख यारबाश आदमी और यूँ बदल जाए! तुम्हें मालूम है ना, यह मियाँ 'नज़ीर' के साथ उठने-बैठने वालों में से हैं। मेरा-इनका याराना कोई बीस-पच्चीस बरस का होगा।

बेनीप्रसाद : हाँ हाँ, ख़ूब जानता हूँ।

पतंगवाला : अमाँ, कुछ बताओ, बेनी, यह आख़िर हुआ क्या? मेरी तो अक़्ल गुम है।

बेनीप्रसाद : भई, इन पर क्या बीती, यह तो किसी को मालूम नहीं। बस, इतना सुना है कि दकन से वापसी के वक़्त झाँसी के क़रीब ठगों ने इनके सारे घोड़े और माल-असबाब लूट लिया। साल-भर पहले जब आगरे वापस आए तो उस वक़्त इनकी हालत दिगरगूँ[127] थी। ख़ैर, उस वक़्त यह फ़क़ीरी नहीं थी। कभी-कभी

किसी से कुछ बातें भी कर लेते थे, मगर कम-कम। बस, ज़्यादातर जमुना के किनारे एक मक़बरे पर बैठे पानी की लहरें गिना करते थे। फिर यकायक ग़ायब हो गए। कभी मथुरा, कभी मेरठ में देखे गए। अभी-अभी वापस आए हैं और यह हालत लेकर आए हैं।

पतंगवाला : फ़ालिज का असर है या जुनून का दौरा? आख़िर कुछ तो सबब होगा इस तग़य्युर[128] का?

बेनीप्रसाद : तरह-तरह की बातें सुनने में आती हैं। कोई कहता है, अल्लाह वाले हो गए हैं। कोई कहता है, लुट जाने की वजह से यह हाल हुआ है। लोग यह भी कहते हैं कि इश्क़े-सादिक़[129] का असर है। इश्क़े-मजाज़ी[130] की राह .ख़ुदा तक पहुँचना कोई अनसुनी बात भी नहीं है!

पतंगवाला : *फ़ुर्सते-उम्र क़तर-ए-शबनम*
वस्ले-महबूब गौहरे-नायाब![131]

यह आदमी हमेशा से ज़की-उल-हिस[132] वाक़ै हुआ है। मुझे एक पुराना क़िस्सा याद आ रहा है। जानते हो, मियाँ 'नज़ीर' से इनकी पहली मुलाक़ात क्योंकर हुई? मियाँ 'नज़ीर' ताजगंज से माइथान टट्टू पर जा रहे थे। लाला बिलास राय खत्री के लड़कों को पढ़ाने के लिए। उधर से मंज़ूर हुसैन पा-प्यादा चले आ रहे थे। रास्ते में अड़ गया। मियाँ 'नज़ीर' ने एक चाबुक जो उसको रसीद की तो वह मंज़ूर हुसैन के लगती हुई टट्टू को लगी। मियाँ 'नज़ीर' टट्टू से उतर पड़े और ज़बर्दस्ती उनके हाथ में चाबुक देकर कहा : 'मियाँ! मेरे भी एक जड़ दो!' उन्होंने बहुत मिन्नत की, वह न माने। आख़िर मजबूरन मंज़ूर हुसैन ने चाबुक लेकर ज़रा-सा उनके छुआ दिया और दौड़े हुए मेरे पास आए। मुझसे सारा हाल बताया और घर जाकर पड़ रहे। दो दिन तक खाना-पीना सब मौक़ूफ़। जब मियाँ 'नज़ीर' ने मेरी ज़बानी यह हाल सुना तो बेचैन होकर उनके पास गए। उन्हें अपने घर ले गए, ख़ातिर-तवाज़ो की। उनके साथ होली खेली, मिठाई खिलाई, अपनी नज़्में सुनाईं।

बस, उस दिन से यह मियाँ 'नज़ीर' के और भी गिरवीदा[133] हुए। फिर ऐसे कि रोज़ का आना-जाना रहता था।

बेनीप्रसाद : क्या ज़माने के इनक़लाबात हैं।

पतंगवाला : *छोड़ सब कामों को गाफ़िल भंग पी* और डंडपेल।

होली गानेवाले : *हो नाच रंगीली परियों का, बैठे हों गुलरू रंग भरे...*
कुछ भीगी तानें होली की, कुछ नाज़ो-अदा के ढंग भरे
दिल भूले देख बहारों को, और कानों में आहंग भरे
कुछ तबले खड़कें रंग भरे, कुछ ऐश के दम मुँहचंग भरे
कुछ घुँघरू ताल छनकते हों, तब देख बहारें होली की
गुलज़ार खिले हों परियों के, और मजलिस की तैयारी हो
कपड़ों पर रंग के छींटों से खुशरंग अजब गुलकारी हो
मुँह लाल, गुलाबी आँखें हों, और हाथों में पिचकारी हो
उस रंग-भरी पिचकारी को अँगिया पर तककर मारी हो
सीनों से रंग ढलकते हों, तब देख बहारें होली की
उस रंग-रंगीली महफ़िल में एक रंडी नाचने वाली हो
मुँह जिसका चाँद का टुकड़ा हो और आँख भी मय की प्याली हो
बदमस्त बड़ी मतवाली हो, हर आन बजाती ताली हो
मयनोशी हो, बेहोशी हो, भड़वे के मुँह में गाली हो
भडवे भी भडवा बकते हों तब देख बहारें होली की

पतंगवाला : सुन लिया बेनीप्रसाद! *(अंतिम चार पंक्तियाँ दोहराते हुए)* मुँह जिसका चाँद का टुकड़ा हो और आँख भी मय की प्याली हो, मयनोशी हो, बेहोशी हो, भंडवे के मुँह में गाली हो...
(अब बताओ होली पर इससे बेहतर नज़्म हो सकती है?)

पतंगवाला : *(अंतिम चार पंक्तियाँ दुहराते हुए)* सुन लिया, बेनीप्रसाद। अब.बताओ होली के मौज़ू पर इससे बेहतर नज़्म हो सकती है? ये सनाए व बदाए[134], ये तश्बीहें-इस्तआरे[135], तलमीह[136]—यानी शेरो-शायरी और इल्मो-अदब में जिसे हुस्ने-बयान कहते हैं—यह सब क्या है। सुनो, एक दाना-ए-राज़ की बात सुनो और हमेशा के लिए पल्लू से बाँध लो। किसी पाए के मुअल्लिम ने अपने एक शागिर्द कोइल्मे-बयान बड़ी

मेहनत से पढ़ाया। जब लड़का पढ़-लिखकर फ़ारिग़ हुआ तो उस्ताद ने कहा : 'अब जाओ, बाज़ारों और गलियों में घूम-फिरकर लोगों की बातें सुनो और पता लगाओ कि इन बातों का इल्मे-बयान से क्या रिश्ता है। लड़का गली-कूचों की ख़ाक छानता फिरा, मगर उसको लोगों की बातों का कोई ताल्लुक़ इल्मे-बयान से मालूम न हुआ। उसने उस्ताद से हाल कह सुनाया। उस्ताद ने उसे फिर बाए-बिस्मिल्लाह[137] से ताये-तमत[138] तक इल्म सिखाया और कहा कि एक बार फिर बाज़ारों के चक्कर काटो और यही बात दरयाफ़्त करो। इस दफ़ा कुछ थोड़ा-सा ताल्लुक़ शागिर्द की समझ में आया। उसने वापस आकर कहा : 'हाँ, थोड़ा-सा ताल्लुक़ मालूम होता है।' इस पर उस्ताद ने कहा : 'अभी तुम इल्मे-बयान को समझे नहीं, फिर पढ़ो।' शुरू से आख़िर तक एक बार फिर सब-कुछ पढ़ चुकने के बाद शागिर्द क्या देखता है कि किसी शख़्स की कोई बात ऐसी नहीं जिसका ताल्लुक़ इल्मे-बयान से न हो। कुछ समझे?

बेनीप्रसाद : भई, शेरो-शायरी का यह मेआर बहुत बुलंद है।

पतंगवाला : कुछ और सुनाओ यार!

हमीद : क्या सुनाऊँ?

पतंगवाला : 'नज़ीर' का कलाम सुनाओ, और क्या सुनाओगे! उसका हर शे'र बेनज़ीर है।

हमीद : मियाँ 'नज़ीर' ने ख़ुद अपने क़लम से अपनी तस्वीर खींच दी है। अगर इजाज़त हो तो...

पतंगवाला : इजाज़त! मियाँ, तुम शे'रो-शायरी का कारोबार करनेवाले की दुकान पर नहीं बैठे हो, शे'रो-शायरी पर जान देनेवाले के पास बैठे हो। सुनाओ और खुले-बंदों सुनाओ।

हमीद : *कहते हैं जिसको 'नज़ीर' सुनिए टुक उसका बयाँ*
था वह मुअल्लिम[139] ग़रीब, बुज़दिल व तर्सिंदा-जाँ[140]
सुस्त-रविश, पस्ता-क़द, साँवला, हिंदी-नज़ाद[141]
तन भी कुछ ऐसा ही था, क़द के मुआफ़िक़ मियाँ

माथे पे इक ख़ाल था, छोटा-सा मस्से के तौर
था वह पड़ा आँख ऊपर, अबरुओं के दरम्याँ
वज़्अ[142] *सुबुक उसकी थी, तिस पे न रखता था रीश*[143]
मूँछें थीं और कानों पर पट्टे भी थे पंबा-साँ[144]
पीरी में थी जिस तरह उसको दिल-अफ़सुर्दगी[145]
वैसी ही रही थी उन दिनों जिन दिनों में वो था जवाँ
फ़ज़्ल ने अल्लाह के उसको दिया उम्र-भर
इज़्ज़तो-हुर्मत के साथ पार्चा-ओ-आबो-नाँ[146]

सब : वाह-वा! वाह-वाह, क्या इनकिसारी[147] है!

(मियाँ 'नज़ीर' की नवासी उछलती-कूदती गुनगुनाती हुई आती है)

नवासी : *क्या-क्या कहूँ मैं किशन कन्हैया का बालपन*

पतंगवाला : अरे बिटिया!

नवासी : अभी आई।

(यह कहकर दूसरी तरफ़ निकल जाती है। सिपाही, जो वहीं भीड़ में खड़े नज़्में सुन रहे थे और बार-बार मुड़कर ऊपर कोठे की तरफ़ निगाहें फेंक रहे थे, पान की दुकान पर आते हैं)

पहला सिपाही : ज़रा दो पान लगा देना, भाई। *(दूसरे सिपाही से)* दिन चढ़ आया है, पर यह माई का लाल ऐसा चिपका है कि निकलने का नाम ही नहीं लेता।

दूसरा सिपाही : वहाँ है भी या ग़ायब हो गया?

पहला सिपाही : मालूम नहीं।

दूसरा सिपाही : अगर गया ही न हो तो क्या हम दिन-भर यहीं टँगे रहेंगे?

पहला सिपाही : यह कैसे हो सकता है, दारोग़ा साहब ने ख़ुद अपनी आँखों से देखा है।

दूसरा सिपाही : कल रात देखा होगा और अगर वह रात ही को निकल गया हो?

(मदारी रीछ लिए हुए आता है। उसके पीछे बच्चे हैं। रीछ का नाच होता है)

मदारी : *कल राह में जाते जो मिला रीछ का बच्चा*

ले आए वही हम भी उठा रीछ का बच्चा
सौ नेमतें खा-खाके पला रीछ का बच्चा
जिस वक़्त बड़ा रीछ हुआ रीछ का बच्चा
जब हम भी चले, साथ चला रीछ का बच्चा
कहता था कोई हमसे, यहाँ आओ मछंदर
वह क्या हुए अगले जो तुम्हारे थे वह बंदर
हम उनसे यह कहते थे, यह पेशा है क़लंदर
हाँ, छोड़ दिया बाबा उन्हें जंगले के अंदर
जिस दिन से ख़ुदा ने यह दिया रीछ का बच्चा
इन दाँवों में, पेंचों में जो कुश्ती में हुई देर
यों पड़ते रुपये-पैसे कि आँधी में गोया बेर
सब नक़्द हुए आके सवा लाख रुपये ढेर
जो कहता था हर एक से इसी तरह मुँह फेर
यारो, तो लड़ा-देखो ज़रा रीछ का बच्चा
जिस दिन से 'नज़ीर' अपने तो उस्ताद यही हैं
जाते हैं जिधर को उधर इरशाद यही हैं
सब कहते हैं वो साहबे-इजाद यही हैं
क्या देखते हो तुम खड़े, उस्ताद यही हैं
कल चौक में था जिनका लड़ा रीछ का बच्चा

(मदारी चला जाता है। 'नज़ीर' की नवासी एक खिलौना लिए नज़र आती है। पतंगवाला उसकी तरफ़ बढ़ता है और उसे खींचकर अपनी दुकान पर लाता है।)

पतंगवाला : *(गाते हुए)* मोहन मेरे आए, ललन मेरे आए...

नवासी : *(खिलौना दिखाते हुए)* मैं यह लेने गई थी।

पतंगवाला : नाना से पैसे जट लिए होंगे! क्यों?

नवासी : नहीं तो।

पतंगवाला : फिर क्या मुफ़्त हाथ आ गया खिलौना?

नवासी : घर में पड़े थे।

पतंगवाला : घर में क्या पड़े थे।

नवासी : मैं बताऊँ! हमारे नाना पैसे को हाथ नहीं लगाते। जैसे हमको

अम्मा कहती हैं ना कि गंदी चीज़ को हाथ नहीं लगाना चाहिए वैसे ही नाना ने पैसे को रूमाल में बाँधकर कोने में फेंक दिया।

पतंगवाला : और तुमने उठा लिया?

नवासी : सब थोड़े ही! **(उछलकर भाग जाती है। पतंगवाला हँसता है)**

पतंगवाला : *(बेनीप्रसाद से)*

गर मर्द है तू आशिक़, कौड़ी न रख कफ़न को!

हाल ही का वाक़िया है, रुपयों की थैली लिए नवाब सआदत अली खाँ के पास से आदमी आया। रात-भर रुपया घर में पड़ा रहा और रुपए की वजह से मियाँ 'नज़ीर' को नींद न आई। सुबह को जवाब में कहला भेजा कि ज़रा-से ताल्लुक़ से तो यह हाल है, अगर ज़िंदगी-भर का साथ हो गया तो न जाने क्या होगा। बुलावे बहुत आए, पर मेरा यार आगरे से न टला। हर बार यह कहकर टाल गया कि मैं माशे-भर का क़लम चलाने वाला, मेरी क्या मजाल! बस, यहीं बैठे-बैठे सारी दुनिया देख ली। कहते हैं :

(आवाज़ उठाकर)

सब किताबों के खुल गए मानी
जब से देखी 'नज़ीर' दिल की किताब

(इशारा किताबवाले की तरफ़ था। किताबवाला झुँझलाकर रह जाता है)

ककड़ीवाला : मियाँ, कहाँ रहते हैं यह हज़रत 'नज़ीर'?

पतंगवाला : क्यों, क्या बात है?

ककड़ीवाला : वह बात यह है कि...ऐसे ही।

पतंगवाला : आख़िर?

ककड़ीवाला : मैं अपनी ककड़ी पर दो-चार शे'र लिखवाता उनसे।

पतंगवाला : *(क़हक़हा लगाकर)* यह आपको ख़ूब सूझी। इस काम के लिए मियाँ 'नज़ीर' से बेहतर और कौन आदमी मिलेगा! अभी कुछ दिन हुए, एक साहब पहुँच गए उनके यहाँ अपने टूटे हुए दिल का दुखड़ा लेकर। किसी महजबीन ने बेवफ़ाई की थी उनके

साथ। अपनी दास्तान सुनाई और कहा कि दिल को क्योंकर समझाऊँ किसी पहलू चैन नहीं लेता। हरदम आँखों के सामने उस महलक़ा[148] की तस्वीर जमी रहती है। मियाँ नज़ीर ने उनके हस्बे-हाल एक नज़्म लिख दी। बस उन साहब को चैन मिल गया। अब यह नज़्म गुनगुनाते फिरते हैं और ख़ुश-व-ख़ुर्रम हैं।

ककड़ीवाला : रहते कहाँ हैं मियाँ?

पतंगवाला : बेगम बाँदा का महल देखा है?

ककड़ीवाला : जी नहीं।

पतंगवाला : कहाँ के रहने वाले हो?

ककड़ीवाला : दिल्ली के पास का रहने वाला हूँ?

पतंगवाला : अच्छा मुहल्ला ताजगंज देखा है?

ककड़ीवाला : जी हाँ, देखा है।

पतंगवाला : वहाँ पहुँचकर किसी से मलिकोंवाली गली पूछ लो और बेगम बाँदा के महल पहुँच जाओ। महल के बराबर ही एक छोटा-सा मकान है। वह मियाँ 'नज़ीर' का है।

(ककड़ीवाला ख़ुशी-ख़ुशी बाएँ रास्ते की तरफ़ भागता है। रास्ते के पास एक अजनबी से टक्कर हो जाती है)

अजनबी : क्या अंधे हो गए हो?

ककड़ीवाला : माफ़ करना, मियाँ, ज़रा जल्दी में हूँ। *(चला जाता है)*

(अजनबी बाज़ार में टहलता है)

पतंगवाला : *(हमीद और उन लोगों को सुनाते हुए जो अब तक वहाँ जमा हैं)* मियाँ 'नज़ीर' की निगाह में आदमी-आदमी में कोई फ़र्क़ नहीं। वह पतंग बनाने वाला हो, चाहे किताब बेचनेवाला उनके लिए तो बस आदमी है। *(आवाज़ उठाकर कहता है। किताबवाला गुस्से से लाल हो रहा है)*

अजनबी : *(किताबवाले से)* साहब, कलामे-'नासिख़' होगा आपके हाँ?

किताबवाला : *(पतंगवाले का गुस्सा अजनबी पर उतारता है)* मियाँ 'नासिख़' कल के छोकरे हैं। अभी-अभी शे'र कहना शुरू किया है और अभी से आप उनके कलाम की तलाश में निकल पड़े? ऐसा

ही शौक़ है तो लखनऊ तशरीफ़ ले जाइए और .ख़ुद सुन लीजिए।

अजनबी : अभी-अभी यहाँ कुछ लोग बैठे गुफ़्तगू कर रहे थे। 'नासिख़' साहब का एक शे'र मेरे कान में पड़ा, मैंने सोचा...

किताबवाला : ...कि मैंने अपनी किताबों के इश्तहार के लिए लोगों को जमा कर रखा है। यह शौक़ और यह जिहालत! सुभानअल्लाह! **(अजनबी डरकर पीछे हट जाता है, लेकिन घूमकर फिर हमला करता है)**

अजनबी : यह इतने लोग यहाँ क्यों इकट्ठा हो गए हैं, साहब?

किताबवाला : *(गुस्से से बेक़ाबू होकर)* आप ही की तरह के जाहिल हैं। एक जाहिल का कलाम सुनने के लिए जमा हो गए हैं। *(अजनबी सिटपिटाकर चला जाता है। लोग क़हक़हा लगाते हैं।)* एक-से-एक चला आता है। सुबह से दुकान खोलकर बैठे हैं। जो भी है तरह-तरह के सवालात लेकर पहुँच जाता है। ख़रीद-फ़रोख़्त की बात ही नहीं। लाहौल विलाक़ुवत! **(चौधरी गंगाप्रसाद किताबवाले के पास आते हैं)**

किताबवाला : आदाब अर्ज़ करता हूँ, चौधरी जी। मिज़ाज बख़ैर?

गंगाप्रसाद : इनायत! साहब, यह आपने किस मसख़रे को मेरे पास भेज दिया था? और किस ग़रज़ से?

किताबवाला : अजी, मैं उन्हें क्यूँ भेजता! बातों-बातों में आपका ज़िक्र आ गया। उन्हें अपनी किताब छपवाने के लिए सरमाये की तलाश थी भला मेरे पास कहाँ से आए पैसे? बस उनके जी में आई होगी, चौधरी गंगाप्रसाद से रुपया माँग लें।

गंगाप्रसाद : देखिए, मैं तो अब उर्दू-फ़ारसी की किताबों से भर पाया। मैंने फ़ैसला किया है कि देहली से अँग्रेज़ी ज़बान में एक अख़बार शाया करूँ! मैं आपसे यही कहने आया हूँ कि आप भी यह धंधा छोड़िए और अख़बार और रसाएल के काम में लग जाइए। यह नया ज़माना है, नए ज़माने के मुताबिक़ रविश इख़्तियार कीजिए।

किताबवाला : भई, आपने मेरे दिल की बात कह दी। मैं .ख़ुद इस फ़िक्र में

था कि वतन छोड़ूँ, देहली जाऊँ और अख़बार और रसाएल का सिलसिला शुरू करूँ।

गंगाप्रसाद : अगर आप देहली आ आते हैं तो आगरे से ख़बरें कौन भेजेगा? नहीं साहब, आप यहीं रहेंगे।

किताबवाला : जी, मगर अँग्रेज़ी ज़बान के अख़बार में...

गंगाप्रसाद : आप मुरासले उर्दू में भेजिए, तर्जुमे की ज़िम्मेदारी मेरी।

किताबवाला : क्यूँ न आप एक अख़बार उर्दू में भी निकालें?

गंगाप्रसाद : अमाँ उर्दू अख़बार पढ़नेवाले कितने हैं? ना साहब, अख़बार अँग्रेज़ी में ही निकलेगा, उस ज़बान में जो कल सारा हिंदुस्तान बोलेगा हाँ, इस कारोबार के सिलसिले में कुछ लिखा-पढ़ी की ज़रूरत होगी। हम और आप शराएत तय करने के बाद बाक़ायदा मुआहदा कर लेंगे ताकि वैसी ग़लतफ़हमी दोबारा न हो जैसी कि 'दीवाने-हाफ़िज़' की इशायेत के सिलसिले में हुई थी।

किताबवाला : मैं इस फ़िक्र में था कि अख़बार का काम शुरू करने से पहले मेरे सर पर जो एक भार है उसे हलका कर लेता।

गंगाप्रसाद : वह कौन-सा?

किताबवाला : सोच रहा था, कुछ छोटी-छोटी चीजें हैं पहले उन्हें छपवा लूँ।

गंगाप्रसाद : मसलन?

किताबवाला : यही मदरसों की चंद किताबें–'करीमा', 'मा-मुक़ीमा', 'आमदनामा' वग़ैरह। मेरे पास दस रुपए की भी पूँजी नहीं कि इस काम में लगा सकूँ।

गंगाप्रसाद : क्यों, 'दीवाने-हाफ़िज़' की ढाई सौ कापियों से कुछ तो वसूल हुआ होगा?

किताबवाला : साहब, यहाँ आपको ग़लतफ़हमी हुई है। मैंने अपने हिस्से की तमाम कापियाँ अहबाब में तक़सीम कर दीं, दाम किसी से नहीं लिए।

गंगाप्रसाद : और मुझे मेरे हिस्से का पैसा देने के बजाए आपने बक़िया ढाई सौ कापियाँ बख़्श दीं। अब मेरा कोई भी दोस्त ऐसा नहीं कि मैं 'दीवाने-हाफ़िज़' उसे नज़्र करूँ।

किताबवाला : मेरी दानिस्त[149] में यही तय हुआ था। नुक़सान इस काम में मुझे भी हुआ। मेरी मेहनत ज़ाया गई। अगर आपको इस सिलसिले में कोई ग़लतफ़हमी हुई है तो ऐसा कीजिए कि आप अपनी कापियाँ मेरे सुपुर्द कर दीजिए, जैसे-जैसे वह निकलती जाएँगी मैं आपको पैसे देता जाऊँगा।

गंगाप्रसाद : साहब, वह अब क्या निकलेंगी और कौन उन्हें ख़रीदेगा? ख़ैर, छोड़िए इस बहस को। आप अख़बार का काम शुरू तो कीजिए। बस, इसी काम के ज़रिए आपके पास 'करीमा', 'मा-मुक़ीमा' और इसी तरह की अपनी तमाम .ख़ुराफ़ात छपवाने के लिए पैसा आ जाएगा। हालाँकि मेरी यही राय है कि यह एक फ़िज़ूल काम है, इसमें आपको फिर नुक़सान होगा। अब भला नए स्कूल में 'आमदनामा' पढ़नेवाले आपको कितने मिलेंगे? अच्छा, अब मैं इजाज़त चाहता हूँ। दो-एक दिन में फिर हाज़िर हूँगा...आदाब अर्ज़।

(गंगाप्रसाद जाता है। बेनज़ीर के कोठे से शोहदा नीचे उतरता है। सिपाही एक कोने में दुबक जाते हैं। जैसे ही शोहदा सामने आता है, लपककर उसे दबोच लेते हैं)

शोहदा : अबे, क्या समझ के पकड़ रहा है, हराम के! अबे, रंडी के कोठे पर जाना कब से इस औंधे शहर में जुर्म क़रार पाया है, बे?

पतंगवाला : अमाँ यारो, क्या हुआ? किस गुनाह की पादाश में इन्हें धर लिया गया, भाई?

पहला सिपाही : कल यहाँ फ़साद करवाया था।

शोहदा : अबे, किसने फ़साद करवाया था? कब फ़साद करवाया था? कोई गवाह?

दूसरा सिपाही : हम यह सब नहीं जानते। हमें यही हुक्म मिला है।

पहला सिपाही : अरे, चल यार, तू अपना काम कर, बकने दे।

शोहदा : अबे, बड़ा नामर्द निकला तेरा दारोग़ा का बच्चा। हम समझे थे, मुक़ाबला रावण से है। सीताहरण होगा, दो-दो हाथ होंगे। हमें क्या मालूम था कि तुम्हारा शहर जन्नत की चिड़ियों से भरा पड़ा है!

पहला सिपाही : यह अदालत नहीं है, जो कुछ कहना है वहाँ कहना। बस, अब क़दम बढ़ाइए!

(शोहदे को लेकर जाते हैं)

पतंगवाला : अमाँ यार, यह क्या हुआ?

बर्तनवाला : मैं तो यहीं था। मैंने तो इस आदमी को झगड़े के समय नहीं देखा।

लड्डूवाला : लूट-मार के वक़्त होश किसे था। शायद रहा हो।

बेनीप्रसाद : जितने लोग लूट-खसोट में शरीक थे उन सबको देखा किसने होगा? क्यों रामू, तुम सबको पहचान सकते हो?

बर्तनवाला : अब यह तो मैं नहीं कह सकता, भाई। सामने आएँगे तो कुछ लोगों को तो पहचान लूँगा शायद। पर यह आदमी उसमें होता तो मेरी नज़र चूक नहीं सकती थी। मैं इसको ज़रूर ताड़ लेता।

लड्डूवाला : यह तुम **किस बिरते** पर कह सकते हो? क्या इस आदमी में सुर्ख़ाब के **पर लगे** हैं?

बर्तनवाला : इसके कपड़े, सूरत, इसके हाथ का गजरा। ऐसा कोई आदमी कल शाम तक बाज़ार में नहीं आया। यह आदमी दूसरे शहर का मालूम पड़ता है। मैंने इसको साँझ के समय एक रंडी के पीछे जाते देखा था।

लड्डूवाला : यह भी हो सकता है कि इसी ने लूटमार शुरू कराई हो। उसके लिए सामने आने की क्या ज़रूरत है?

बर्तनवाला : यह मैं नहीं जानता, भाई। अगर यह दूसरे शहर का आदमी है तो यहाँ आके बलवा कैसे करा सकता है? यह भी तो सोचो।

तरबूज़वाला : क्यों नहीं करा सकता?

बर्तनवाला : तुम लोग अपनी ख़ैर मनाओ। इतना बढ़-बढ़कर मत हाँको।

(ककड़ीवाला बहुत तेज़ी से दाख़िल होता है। चेहरा खिला हुआ, होठों पर गाना, उसके पीछे बच्चे शोर मचाते हुए एक क़तार में अंदर आते हैं। ककड़ीवाला पानवाले की बेंच पर बैठ जाता है और बड़े सुरीले ढंग से गा-गाकर ककड़ी बेचता है। नज़्म का हर बन्द दो-चार लोगों को ककड़ी का गाहक बना

लेता है)

ककड़ीवाला : *क्या प्यारी-प्यारी मीठी और पतली-पतलियाँ हैं*
गन्ने की पोरियाँ हैं, रेशम की तकलियाँ हैं
फरहाद की निगाहें, शीरीं की हँसलियाँ हैं
मजनूँ की सर्द आहें, लैला की उँगलियाँ हैं
क्या .खूब नर्मो-नाज़ुक इस आगरे की ककड़ी
और जिसमें ख़स काफ़िर इसकंदरे की ककड़ी
कोई है ज़र्दी-माइल, कोई हरी-भरी है
पुखराज मुनफ़इल[150] है, पन्ने को थरथरी है
टेढ़ी है सो तो चूड़ी वह हीर की हरी है
सीधी है सो वो, यारो, राँझा की बाँसरी है
क्या .खूब नर्मो-नाज़ुक इस आगरे की ककड़ी
और जिसमें....
छूने में बर्गे-गुल है, खाने में कुरकुरी है
गर्मी को मारने की इक तीर की सरी है
आँखों में सुख, कलेजे ठंडक, हरी-भरी है
ककड़ी न कहिए इसको, ककड़ी नहीं परी है
क्या ख़ूब नर्मो-नाज़ुक इस आगरे की ककड़ी
और जिसमें...

(तरबूज़वाला गाता हुआ आता है)

तरबूज़वाला : *अब तो बाज़ार में बिकते हैं सरासर तरबूज़*
क्यों न हो सब्ज़ ज़मरूद के बराबर तरबूज़
करता है .खुश्क कलेजे के तईं तर तरबूज़
दिल की गर्मी का निकाले है यह अकसर तरबूज़
जिस तरफ़ देखिए बेहतर सें है बेहतर तरबूज़

लड्डूवाला : (गाता हुआ अंदर आता है)
हमको तो हैंगे दिल से खुश आए तिल के लड्डू
जीते रहे तो, यारों, फिर खाए तिल के लड्डू
कूचे-गली में हर जा बिकवाए तिल के लड्डू
हमने भी गुड़ मँगाकर बँधवाए तिल के लड्डू

(ककड़ीवाला, तरबूज़वाला, लड्डूवाला नाचते-गाते बाहर निकल जाते हैं। दारोग़ा आता है और सीधा बेनज़ीर के कोठे पर

पहुँचता है)

दारोग़ा : बाई जी सोफ़्ते[151] में तो हैं!

तबलची : हुजूर तशरीफ़ रखें, मैं अभी इत्तिला करता हूँ। *(जाता है)*

सारंगिया : सरकार, आज बहुत सवेरे से तशरीफ़ लाए?

दारोग़ा : क्यों, मग़रिब का वक़्त सर पर है।

सारंगिया : बजा फ़रमाया।

(बेनज़ीर आती है)

बेनज़ीर : आदाब बजा लाती हूँ। आज मालूम होता है, घर में दफ़्तर में कहीं आपका दिल लगा नहीं।

दारोग़ा : घर-दफ़्तर में कब दिल लगता है। फिर कल आपके 'हाँ यह नया दस्तूर देखा कि जो पहले पहुँच जाए सो पाए। चुनाँचः यूँ कहिए कि कल का चला हूँ और बहुत देर-सवेर से आस्ताना-ए-यार[152] तक पहुँचा हूँ। आज आपका किसी और से तो वादा नहीं?

बेनज़ीर : वादा तो आपसे भी है।

दारोग़ा : भई, तुम्हारे हाँ तो वादों का लेन-देन है। कमाल यह है कि तुम्हें याद भी है। बहरहाल आज मैं मुसल्लह[153] हूँ।

बेनज़ीर : तो कल क्या निहत्थे ही आ गए थे?

दारोग़ा : हाँ साहब, कल हथियार भूल आए थे। आज तीर-कमान दुरुस्त है।

बेनज़ीर : यह कैसे तीरंदाज़ कि फित्राक[154] तो साथ रखें और तीरो-तर्कश ही भूल जाएँ! फ़रमाइए, किस चीज़ से शुरू करूँ? *(पानदान खोलते हुए)* अय हय, कैसे लोग हैं! पानदान खाली पड़ा है किसी को तौफ़ीक़ नहीं हुई कि बाज़ार से चार पान ख़रीद लाता।

(तबलची पैसे लेने के लिए बढ़ता है लेकिन मंज़ूर हुसैन, जो इसी बीच आ चुके हैं, लपककर.ख़ुद पैसे ले लेते हैं और पान लेने के लिए पान की दुकान पर आते हैं)

दारोग़ा : क्या आपके उश्शाक़[155] में से हैं?

बेनज़ीर : बहुत पुराने।

दारोग़ा : पहले कभी नहीं देखा।

बेनज़ीर : क्या आप फ़ेहरिस्त रखते हैं? आठ-दस साल के मेरे आशना

हैं। फ़कीरी, गोशागीरी और ख़ामोशी तो अब इख़्तियार की है। पहले मालदार थे। इश्क़ का इज़हार अलफ़ाज़ो-आमाल से करते थे, यानी मुहब्बत के मैदाने-अमल में हाथ-पाँव, ज़बान, जिस्म का हर पुर्ज़ा काम आता था। अब यह सूरत है कि अपने दिल और रूह के लिहाफ़ में मुझे ढाँप दिया है।

दारोग़ा : क्या कहने हैं! बड़े मज़े हैं आपके! रक़ाबत तो महसूस नहीं करते।

बेनज़ीर : इस मंजिल से गुजर चुके हैं।

दारोग़ा : क्या पागल आदमी है? बातें तो समझ लेता है?

बेनज़ीर : मंजूर हुसैन इनका नाम है, लेकिन अब नाम से पुकारिए तो मुँह फेर लेते हैं।

दारोग़ा : क्यों?

बेनज़ीर : कौन जाने! शायद अपने नाम से नफ़रत हो गई हो। दिमाग़ दुरुस्त मालूम होता है। लोग कहते हैं कि एक दिन फिर बोलना शुरू कर देंगे, जब माहौल बेहतर हो जाएगा।

(मंज़ूर हुसैन पान लाकर रख देते हैं)

दारोग़ा : मंज़ूर हुसैन!

(मंज़ूर हुसैन घबराकर उठते हैं और बाहर चले जाते हैं। दारोग़ा क़हक़हा लगाता है। फ़क़ीर 'आदमीनामा' गाते हुए आते हैं और धीरे-धीरे सारे कलाकार कोरस में शामिल हो जाते हैं।)

कोरस : *दुनिया में बादशह है सो है वह भी आदमी*
और मुफलिसो-गदा[156] है सो है वह भी आदमी
ज़रदार, बे-नवा है सो है वह भी आदमी
टुकड़े चबा रहा है, सो है वह भी आदमी
नेमत जो खा रहा है सो है वह भी आदमी
मस्जिद भी आदमी ने बनाई है याँ मियाँ
बनते हैं आदमी ही इमाम और खुतबाख्वाँ[157]
पढ़ते हैं आदमी ही क़ुरान और नमाज़ याँ
और आदमी ही उनकी चुराते हैं जूतियाँ
जो उनको ताड़ता है, सो है वह भी आदमी
याँ आदमी पे जान को वारे है आदमी
और आदमी ही तेग़ से मारे है आदमी

पगड़ी भी आदमी की उतारे है आदमी
चिल्ला के आदमी को पुकारे है आदमी
और सुनके दौड़ता है, सो है वह भी आदमी
बैठे हैं आदमी ही दुकानें लगा-लगा
और आदमी ही फिरते हैं रख सिर पे ख़्वानचा
कहता है कोई : लो! कहता है कोई : ला रे ला
किस-किस तरह से बेचे हैं चीज़ें बना-बना
और मोल ले रहा है, सो है वह भी आदमी
याँ आदमी ही लालो-जवाहर है बे-बहा[158]
और आदमी ही ख़ाक से बदतर है हो गया
काला भी आदमी है और उल्टा है ज्यूँ तवा
गोरा भी आदमी है कि टुकड़ा-सा चाँद का
बदशक्लो-बदनुमा है, सो है वह भी आदमी
मरने में आदमी ही कफ़न करते हैं तैयार
नहला-धुला उठाते हैं काँधे पे कर सवार
कलमा भी पढ़ते जाते हैं, रोते हैं ज़ार-ज़ार
सब आदमी ही करते हैं मुर्दे का कारोबार
और वह जो मर गया है, सो है वह भी आदमी
अशराफ़ और कमीने से ले शाह ता वज़ीर
ये आदमी ही करते हैं सब कार दिल-पज़ीर[159]
याँ आदमी मुरीद है, और आदमी ही पीर
अच्छा भी आदमी ही कहाता है ऐ 'नज़ीर'
और सब में जो बुरा है, सो है वह भी आदमी

(गानेवालों की आवाज़ और साज़ों की ध्वनि अचानक बहुत ऊँची उठती है और बहुत तेजी से पर्दा गिर जाता है)

प्रोडक्शन

पहली बार 'आगरा बाज़ार' एकांकी नाटक की हैसियत से पेश किया गया। पहले रिहर्सलों के दौरान, मैंने ड्रामे में बहुत-सी तब्दीलियाँ कीं। कुछ स्टेज का तक़ाज़ा देखकर, कुछ आर्टिस्टों की सहूलियत का ख़्याल करके, और कुछ वक़्त की कमी के बाअस ड्रामे को काट-छाँट कर सवा घंटे का बना दिया।

अब जबकि ड्रामा दोबारा पेश किया जा रहा है, औव्वल तो मैंने इसे दो एक्ट बना दिया है, फिर ये कि इसमें मज़ीद रद्दोबदल और मुकालमों और नज़्मों के इज़ाफे कर दिए हैं। इस तरह उसे पूरे दो घंटे का बना दिया है।

किताब का मुसौवेदा और भी बदल गया है। ये ड्रामे की तीसरी शक्ल है। इसमें महज़ ड्रामा पढ़ने वालों के नुक़्ताए-नज़र से नज़ीर की नज़्में और अशआर बड़ी तफसील से दर्ज किए गए हैं।

जो लोग ड्रामा खेलना चाहते हैं वो अगर पूरा ड्रामा न खेल सकें तो इसे जितना चाहे छोटा कर लें और ज़रूरत हो तो एक सीन का बना लें। नज़्मों के बारे में मेरा तजुर्बा ये है कि स्टेज पर सेवाए 'शहर-आशेब' और 'आदमीनामा' के जिनके पाँच या छः बंद ड्रामे को बोझल न बनाएँगे, दूसरी कोई नज़्म चार बंद से ज़्यादा न होनी चाहिए और उनमें भी बेशतर नज़्मों के तो सिर्फ़ तीन बंद गाए जाएँ तो मुनासिब होगा। एख़्तेसार व तख़फ़ीफ के लिए सबसे ज़्यादा गुंज़ाइश उन मुकालमों में है, जो कुतुबफ़रोश की दुकान पर बोले जाते हैं।

जहाँ तक कास्ट का तअल्लुक है ये ड्रामा 75 आदमी भी खेल सकते हैं और 20 भी। इस ड्रामे की फ़िज़ा पर कोई बुनियादी फर्क़ नहीं पड़ेगा।

कालेज के तोलबा के लिए इसमें ये सहूलियत है कि कास्ट में कोई औरत नहीं, और सेट एक ही है। ड्रामों के ये दो शोबे अक्सर थियेटर वालों को बहुत

सताते हैं। ड्रामा खेलने वालों के लिए, ख़ासतौर पर प्रोड्यूसर के लिए लाज़िमी है कि वो उर्दू शायरी से दिलचस्पी रखता हो, और उसे नज़ीर के कलाम और ज़िंदगी और उस ज़माने के सियासी और समाजी माहौल की पूरी-पूरी वाक्फ़ियत रखता हो।

कुतुब फ़रोश की दुकान और पतंग फ़रोश की दुकान, ये दो मुक़ामात ड्रामे के अहमतरीन मराकिज़ हैं। ये दो दुकानें सबसे ज़्यादा आरास्ता और स्टेज के सबसे नुमायाँ हिस्से में होनी चाहिए। बाक़ी दुकानों के सिलसिले में स्टेज और काम करने वालों की ज़रूरत और इस्तेदाद के मुताबिक़ कमीबेशी की जा सकती है। रास्ते कम-से-कम तीन होंगे और अगर ज़्यादा रखे जाएँ तो उनके लिए कोई हद मुक़र्रर नहीं।

सेट

स्टेज किनारी बाज़ार का मंज़र पेश कर रहा है। दोनों तरफ दुकानें हैं, जो पीछे दूर तक चली गई हैं। पीछे बीचोंबीच में एक दरवाज़ा है, जो क़िलाए आगरा के दरवाज़े से मुशबेह है। इस दरवाज़े के पीछे एक तस्वीर पर दूर तक बाज़ार फैला हुआ नज़र आता है और बाज़ार से परे यमुना बलखाती हुई बह रही है, जिसके एक किनारे पर क़िले की और दूसरी पर ताजमहल की धुँधली-सी झलक दिखाई दे रही है।

पीछे के दरवाज़े के इलावा स्टेज के सामने दाएँ-बाएँ दो रास्ते और हैं। हाल में से स्टेज पर जाने के लिए जो एक सीढ़ी स्टेज पर लगी है उसे फ़क़ीर ड्रामे की इब्तिदा में इस्तेमाल करते हैं। इस रास्ते को चौथी सड़क तसौवुर कर लीजिए। गोया तमाशा एक चौराहे पर खेला जा रहा है।

बाईं तरफ़ स्टेज के सामने कुतुबफ़रोश की दुकान है और उस दुकान के मुक़ाबिल दाईं तरफ़ एक बंद दुकान! ये दुकान पतंग फ़रोश की है। इनदुकानों के इर्द-गिर्द कुम्हार, पटवारी, रंगरेज, दर्ज़ी, ग़ल्लाफ़रोश, अत्तार, गुलफ़रोश, तबीब वग़ैरह की दुकानें हैं।

पनवाड़ी की दुकान दाईं सड़क से लगी हुई स्टेज के बिलकुल आगे हैं। बर्तनवाले की दुकान किताबफ़रोश की दुकान के बराबर उसके पीछे हैं। कुतुबफ़रोश के हाँ पुरानी क़िस्म की किताबों और मुसौवेदों का ढेर लगा है। मौलवी साहब गावतकिए से लगे बैठे हैं, कलमदान पर एक रजिस्टर खुला रखा है, हुक़्क़ा पीते

जाते हैं, और सोच-सोच कर कुछ लिखते जाते हैं। दुकान के सामने नीचे सड़क पर एक तरफ़ एक बेंच पड़ी है, और दूसरे कोने में एक स्टूल रखा है। दुकान के अंदर कुछ तोग़रे लटक रहे हैं। पानवाले के हाँ पान के सामान के इलावा कुछ हिंदू देवताओं की तस्वीरें हैं। दुकान के सामने एक बेंच बिछी है। इसी तरह पतंग वाले की दुकान के सामने दो बेंचें पड़ी हैं। बर्तनवाले और दीगर दुकानदारों के हाँ भी। पतंग की दुकान टाट के परदे से बंद कर दी गई है, उसका टीन का साएबान, जो दो बाँसों की मदद से खड़ा कर दिया जाता है दुकान पर पड़ा हुआ है। जब दुकान खोली जाती है तो गोया रंगीनियों का एक चमन खुल जाता है। दुकान हर नौव, हर रंग, हर बहार की पतंगों से आरास्ता है। छत से तरह-तरह की रीलें, चोखि़याँ, ड़ोरा और माँझे लटक रहे हैं। कुम्हार ने अपने कोरे बर्तनों पर बहुत हसीन नक़्शो-निगर बना रखे हैं। दुकान के पास ही उसका गदहा बँध ाा हुआ है। पीछे की तरफ़ किसी दुकान की आड़ में एक बैलगाड़ी खड़ी कर दी गई है, जिसका सिर्फ़ एक हिस्सा नज़र आ रहा है। गुमान ये होता है कि उसके बैल पास ही कहीं जुगाली कर रहे होंगे। कुतुबफ़रोश की दुकान पर दो ग्राहक किताबें देखते हुए खड़े हैं। एक आदमी पान की दुकान पर खड़ा है। कुछ लोग इधर से उधर गुज़र रहे हैं। ड्रामे के दौरान भी राहगीर अक्सर आते-जाते रहते हैं। दो भिखारी स्टेज के पीछे एक कोने में बैठे हैं। जब भी कोई गुज़रता है, ये उसकी तरफ़ हाथ बढ़ाकर सदा लगाते हैं। ये बीच में कभी-कभी उठकर बाहर चले जाते हैं, फिर थोड़ी देर बाद वापस आकर अपनी जगह पर बैठ जाते हैं। एक बेकार, बेफ़िक्र पीछे के दरवाज़े से टिका हुआ बैठा है। ये अक्सर यहीं बैठा हुआ नज़र आता है। स्टेज के एक हिस्से में कुछ बच्चे खेलकूद में लगे हुए हैं।

लोगों का लिबास अठारहवीं और उन्नीसवीं सदी के आगरे का है। बाज़ार में देहाती और मुतवस्सित तबक़े के लोग चल-फिर रहे हैं। लेन-देन बंद है, दुकानों पर हुक़्क़ा और गप्पें चल रही हैं। कोई दुकानदार सो रहा है, कोई फ़र्श पर दोस्तों के साथ बैठा छः गुट्टी खेल रहा है। इन्तेशार, बेरोज़गारी और बेदिली की फ़िज़ा है, जिसे मदारी का तमाशा एक मरकज़ पर ले आता है।

कहानी का इरतिक़ा

प्रोडक्शन के लिहाज़ से प्लाट को चार मोटे-मोटे हिस्सों में बाँटा जा सकता है।

(1) अवाम का इफ़लास और बेरोज़गारी। (2) अदीबों का तसाहुल, ताअस्सुब और ज़िंदगी से फ़रार। (3) छोटे पेशावरों में 'नज़ीर' की मक़बूलियत। (4) नज़ीर का पैग़ाम।

पहले हिस्से में बाज़ार की फ़िज़ा क़ायम होती है। मदारी तारीखी पसमंज़र पेश करता है और उसकी अक्सर बातें नज़ीर की नज़्मों की तरफ़ हलके-हलके इशारे करती हैं, मसलन बरसात, जाड़ा, मौत, बलदेवजी का मेला, पतंग, होली वग़ैरह। व्यापार की सर्दबाज़ारी का पता चलता है। और ककड़ीवाले का मसला उभरकर सामने आता है। इफ़लास की लानत, ककड़ीवाले की जुस्तजू, उसकी इब्तदाइ नाकामियाँ, ये वो सीढ़ियाँ हैं जो प्लाट को ड्रामे की पहली कशमकश की तरफ ले जाती हैं।

दूसरे हिस्से में हम देखते हैं कि उस ज़माने के तज़किरानवीस शाएर और अदीब तसाहुल, ताअस्सुब और पवोद्दम का शिकार हैं। उनकी अदबी क़दरें ज़िंदगी से फ़रार, मायूसी और यास की तलक़ीन करती हैं। सेहतमंद और अफ़ादी अदब जिसका अवाम की ज़िंदगी और उनके रोज़मर्रा के मसाएल से गहरा ताल्लुक़ हो, उनकी नज़र में अमियान और घटिया अदब है। और यही अदब, और यही शाइरी सारे बाज़ार में गुंजी हुई है।

ककड़ीवाले की जुस्तजू जारी है। वो एक-एक के पीछे फिर रहा है कि कोई चन्द शे'र उसकी ककड़ी पर लिख दे। उसकी मायूसी बढ़ रही है, कदम सुस्त पड़ रहे हैं, और आख़िर में वो थककर बैठ जाता है। यहाँ ड्रामे की कशमकश मुकम्मल हो जाती है, और हमारा पहला एक्ट ख़त्म हो जाता है।

तीसरा हिस्सा पतंगवाले का किरदार पेश करता है उसके किरदार में नज़ीर की शख़्सियत की गहरी झलक है। उसकी ज़बान से हम नज़ीर के किरदार और उसकी ज़िंदगी से पहली बार आशना होते हैं। ड्रामा उरूज पर है, नज़ीर की नज़्में सुनकर मुतास्सुब अदीब और मुअर्रिख़ चीं-बजबीं हैं और अवाम वाह-वाह कर रहे हैं। ये अदीब 'पस्तमज़ाक़' के लोगों का मजमा देखकर आपे से बाहर हो जाते हैं। ड्रामा पल्टा खाता है और पतंगफ़रोश की दुकान ड्रामे की इरतक़ाइ मंज़िलों का नुक़्ताए उरूज बन जाती है।

आख़री हिस्से में ककड़ीवाले का मसला हल होता है, और नज़ीर की आम मक़बूलियत का इज़्हार। बग़ैर किसी नारेबाज़ी के ये भी साबित हो जाता है कि अदब का ज़िदंगी से गहरा ताल्लुक़ है, और अवाम के लिए आलाशाइरी तख़लीक़

की जा सकती है। नज़ीर की इंसान-दोस्ती और हमागीरी पूरे तौर से उभरकर उस वक़्त आती है जब सब मिलकर 'आदमीनामा' गाते हैं। इस नज़्म में तरहुम का नहीं बल्कि अज़्म और जलाल का इज़्हार होता है, इसका पैग़ाम आज का पैग़ाम है :

जो मुफलिसो-गदा है सो है वो भी आदमी

लिबास

फ़क़ीर : कफ़नी, लंबी टोपी, तहमद, गले में बड़े मोतियों के माले, कानों में बाले, कंधे पर कश्कोल, हाथ में कड़े और डंडा।

ककड़ीवाला : ऊँची-सी धोती, मैला-सा कुर्ता, सिर पर पगड़ीनुमा एक अंगोछा।

तरबूज़वाला : ऊँची-सी धोती, मैला-सा कुर्ता, ऊपर एक पुरानी-सी मिर्ज़ई, सिर पर एक मैले कपड़े की पगड़ी।

लड्डूवाला : बहुत मैली धोती, मैला कुर्ता, सिर पर काली टोपी मैली-सी।

बर्तनवाला : ऊँची-सी धोती, आधी आस्तीन का शलूका, सिर पर पतली-सी मैली पगड़ी।

पतंगवाला : सलीम शाही जूता, चुस्त पाजामा, मलमल का फूलदार कुर्ता, कामदार सदरी, पल्लेदार टोपी।

मदारी : लाँग बूट, धोती, ख़ाकी रंग की या मलेशिया की फ़ौजी, क़मीज़, पुराने ज़माने का लंबा-सा पुराना कोट, हैट *(पुरानी-सी)* झोला, डंडा, डुगडुगी।

बंदर : बंदर का लिबास कपड़े का बना हुआ और मास्क *(चेहरा)*।

कुतुबफ़रोश : सलीम शाही जूता, ऊँचा-सा शरई पाजामा, नीचा-नीचा कुर्ता *(गेरुए या किसी और रंग का)* मौलवियों वाली टोपी, कंधे पर बड़ा-सा रूमाल।

शाइरनुमा आदमी : सलीम शाही जूता *(कामदार)*, चुस्त पाजामा, कुर्ता, अंगरखा या अचकन, मख़मल की किश्तीनुमा टोपी।

हमजोली : सलीम शाही जूता *(कामदार)*, चुस्त पाजामा, कुर्ता, अँगरखा

या अचकन, दोपल्ली टोपी।

तज़किरानवीस : सलीम शाही सादा जूता, शरई पाजामा, लंबा कुर्ता, सदरी, जेबी घड़ी ज़ंजीर के साथ कुतुबनुमा, उब्बा, इमामा, सुनहरे फ्रेम की छोटे बैज़ाबी शीशों की ऐनक, पुरानी वज़ा की छड़ी।

पतंग का ग्राहक : सलीम शाही कामदार जूता, चुस्त शफ़्फ़ाफ़ पाजामा, रंगीन कमरबंद, मलमल का कुर्ता फूलदार, शोख़ रंग की सदरी, सिर पर मख़मल की किश्तीनुमा टोपी।

घोड़ों का ताजिर : पुराना-सा मज़बूत सलीम शाही जूता, रंगीन चुस्त पाजामा, अँगरखा, सिपाहियाना अंदाज़ की पगड़ी।

राहगीर : अचकन, कुर्ता, पाजामा, टोपी।

किताब का ग्राहक : पाजामा, अचकन, पगड़ी, छड़ी, सलीम शाही जूता।

पानवाला : कुर्ता, धोती, दोपल्ली टोपी।

देहाती : पगड़ी, कुर्ता, धोती सदरी, शाल, डंडा।

रीछवाला : फटा हुआ गर्म कोट, फटी हुई हैट *(नीचे गाँधी टोपी)* पैबंद लगी पतलून, बूट।

रीछ : काला कंबल और मास्क *(रीछ का चेहरा)*।

लड़की : रंगीन चुस्त पाजामा, ढीला-ढाला रंगीन लंबा कुर्ता, छोटी-सी ओढ़नी।

अजनबी : दोपल्ली या कामदार मख़मल की टोपी, फूलदार सफ़ेद कुर्ता, चुस्त पाजामा, रंगीन कमरबंद, सियाह पेटेंट का पंप या कामदार सलीम शाही जूता, एक हाथ में रंगीन रूमाल, दूसरे हाथ की कलाई में फूलों का गजरा।

सामान

किताबों की दुकान : तरह-तरह की मुजल्लद और गैरमुजल्लद किताबें, रजिस्टर, कलमदान, जंतरियाँ वग़ैरह, चंद तोगरे, पारसी कतआत, रुबाइयाँ या मुतफर्रिक़ अशआर।

पतंग की दुकान : तरह-तरह की रंगीन, सादी, छोटी-बड़ी मुताद्दद वज़ा की पतंगें, डोर, मांझा, चरख़ियाँ।

बर्तन की दुकान : तरह-तरह के छोटे-बड़े मिट्टी के बर्तन, हांडियां, तश्तरियाँ, प्याले, कोंडे, घड़े, मटके वग़ैरह।

फूल की दुकान : तरह-तरह के रंगीन और सफ़ेद फूल, छोटी-छोटी टोकरियों में फूलों के छोटे बड़े हार *(किनारों पर लटकते हुए)* फूलों के मुख़्तलिफ़ वज़ा के ज़ेवर, केले के पत्ते।

पान की दुकान : पीतल के शफ़्फ़ाफ़ बर्तन *(कत्था, चूना रखने के लिए),* छोटी-छोटी पीतल की प्यालियाँ, जिसमें लौंग, इलायची, तंबाकू और पान में खाने वाले मुताद्दद क़िस्म के मसाले। कत्थई रंग का या सुर्ख़ तोल का कपड़ा, पीतल का एक बड़ा बर्तन जिसमें पानी भरा हो, भीगे हुए सुर्ख कपड़े पर बने हुए और सादे पान, हनुमान, शंकर की रंगीन तस्वीरें।

पेंटर की दुकान : चंद मुग़ल और राजपूत आर्ट की तस्वीरें, स्टेंडर्ड पर्दा, ब्रश और रंग की प्यालियाँ।

ककड़ीवाला : एक टोकरी और उसमें हरी-हरी ककड़ियाँ।

तरबूज़वाला : एक बड़ा टोकरा उसमें दो-एक साबुत और एक-आध कटा तरबूज़।

लड्डूवाला : लोहे की एक थाली, लड्डू और उसको ज़मीन पर रखने के लिए एक स्टैंड।

बंदर : एक छोटा स्टूल, छोटा-सा आईना।

तज़किरानवीस : एक फ़ाइल में थोड़े से लिखे और बगैर लिखे हुए काग़ज़ात।

राहगीर : हाथ में एक पुरानी-सी किताब।

शाएरनुमा आदमी : एक ब्याज़।

दर्ज़ी की दुकान : सिले बिनसिले बहुत से कपड़े, कुछ तैयार जो दीवार पर लटके होंगे और कुछ काटे हुए, सूई, धागा, कैंची, फ़ीता *(कपड़े का)* मशीन कपड़ा सीने वाली *(वक़्त बदलने पर)*।

पंसारी की दुकान : बोरियाँ *(अनाज की)*, घी के कनस्तर, टोकरियों में मिर्च नमक और दूसरे मसाले, अचार के मटके, अचार की छोटी-छोटी हांडी अचार देने के लिए।

कुतुबफ़रोश : मुसलमान शोरा और सूफियों की कव्वाली, अशआर क़तआत तोग़रों की शक्ल में, ताज, क़िला आगरा और फतेहपुर सीकरी की इमारतों की तस्वीरें।

होली खेलनेवाले : थाली, गुलाल।

परिशिष्ट

1. नज़ीर की एक कविता जिसमें शहर की दुर्दशा का वर्णन है। 2. भिक्षा-पात्र 3. जपने वाली माला 4. वाणी 5. काम-काज 6. स्वभाव 7. रात-दिन 8. चिंता 9. लहरदार 10. जन-साधारण 11. लाचारी 12. .... 13. .... 14. क़ैदी 15. कविता का एक छंद 16. ज़्यादा 17. ऊपरी भाग 18. प्रकट 19. मज़ाक़ 20. पहुँचे हुए 21. बाग़ में सैर की इच्छा 22. विचार 23. मूर्ख 24. आगरे की बोलचाल में इस्तेमाल होने वाला एक निरर्थक शब्द 25. थाल 26. हड्डी 27. प्रतिष्ठित 28. विद्वान 29. ग़रीबी 30. कारण 31. सामर्थ्य 32. प्रशस्ति 33. नौसिखिये 34. कविगण 35. पागलपन 36. जहाँ सबकुछ हो 37. अत्याचार 38. तबाही 39. भारी-भरकम 40. अच्छी धारणा 41. साहित्य-प्रेमी 42. हर ऐरा-गैरा 43. संपूर्णता 44. सुस्ती 45. संत-गण 46. नीच लोग 47. रोजी लुट गई, दिल भी लुट गया 48. छिपा हुआ 49. विधा 50. व्यापकता 51. ईरान के कविगण और भारत के वरिष्ठ साहित्यकार 52. वृत्तांत लिखने वाला 53. पतन 54. शिक्षा 55. आयोजित 56. रसायन और भौतिक शास्त्र 57. नास्तिकता 58. धर्म-योद्धा 59. अध्ययन-अध्यापन 60. कृतियाँ 61. कुरान की व्याख्याएँ और पैग़म्बर की बातें 62. समीक्षा और आलोचना 63. लोभी लोग 64. अनुभवी 65. बार-बार लिखे जानेवाले अक्षर 66. उजाड़ 67. शाही क़ब्रिस्तान 68. कलियों जैसे होंठवाले 69. प्रकट 70. तिलक 71. मेरा दिल हमेशा रावण जैसा था, सुंदरियों ने उसे वश में कर लिया 72. शुभ नाम 73. आस-पास 74. गालियाँ 75. जन्म-स्थान 76. सम्मान 77. पुरानी कहानी 78. सुनहरा पृष्ठ 79. अँधेरे 80. आग्रह करना 81. सुधार 82. प्रेरणा 83. ग़ायब 84. प्रकाशित 85. चरम 86. परेशानी की अवस्था 87. बौखलायी हुई 88. एक गाली 89. चैन 90. प्रसन्नचित्त 91. यह चीज़ ही

और है 92. अश्लील लेखन 93. बेतुकी बातें 94. क्षोभ 95. नीच लोगों की पसंद 96. काव्य-स्तर 97. भीख माँगनेवाले 98. जुआ 99. फूल जैसी यौवना 100. चाँदी के बदनवाली लड़की 101. प्रेम 102. प्रतिद्वंद्वी जिसका मुँह काला हो 103. काले केश 104. वह कबूतर जिसके पर कतर लिए गए हों 105. संस्करण 106. समस्याएँ 107. लेखक 108. प्रशंसक 109. हिचकिचाहट 110. कृपा 111. वैभव 112. ढाल-तलवार 113. तीर-कमान 114. लोभ 115. मकान 116. अर्द्धनग्न 117. बुढ़ापा 118. याद 119. निखरा हुआ 120. क्रोध-भरी आँखें 121. हर काँटे की नोक 122. मुठभेड़ 123. अँधेरी रात 124. रोना-धोना 125. बनावटी 126. प्रयोग में 127. ख़राब 128. परिवर्तन 129. सच्चा प्रेम 130. लौकिक प्रेम 131. उम्र के साल ओस की बूँदों की तरह हैं और प्रेयसी का प्रणय अनमोल मोती की तरह 132. संवेदनशील 133. मुग्ध 134. अलंकार 135. उपमाएँ 136. संकेत 137. बिल्कुल शुरू 138. बिल्कुल अंत 139. शिक्षक 140. भीरू 141. हिंदुस्तान में पैदा 142. स्वभाव 143. बाल 144. रुई जैसे 145. उदासी 146. रोज़ी-रोटी 147. विनम्रता 148. सुंदरी 149. जानकारी 150. लज्जित 151. एकांत 152. प्रेमिका का घर 153. सशस्त्र 154. वह रस्सी जिसमें शिकार मारने के बाद बाँधकर लाते हैं 155. प्रेमी 156. दरिद्र 157. धर्मोपदेशक 158. अनमोल 159. सुखद।

•••